POTENZIA LA TUA MEMORIA

LA GUIDA DEFINITIVA PER RAFFORZARE LA CONCENTRAZIONE, MIGLIORARE LA CAPACITÀ DI MEMORIZZAZIONE E AUMENTARE LA PRODUTTIVITÀ

MATTIA PONZO

DISCLAIMER

Questo libro non ha la pretesa di sostituire il consiglio medico. Si raccomanda al lettore di consultare regolarmente un professionista della salute per qualsiasi questione relativa al proprio benessere, in particolare per eventuali sintomi che possano richiedere diagnosi o cure mediche.

Le informazioni fornite in questo libro sono puramente a scopo informativo generale. Pur impegnandomi a mantenere tali informazioni aggiornate e corrette, non sono fornite dichiarazioni o garanzie, esplicite o implicite, in merito alla completezza, precisione, affidabilità, idoneità o disponibilità riguardo alle informazioni, prodotti, servizi o grafiche correlate presenti in questo libro, per qualsivoglia scopo.

L'utilizzo di tali informazioni avviene a proprio rischio. I metodi descritti in questo libro rappresentano le opinioni dell'autore e non devono essere considerati come una serie definitiva di istruzioni per un determinato progetto. Potrebbe emergere la possibilità di utilizzare altri metodi e materiali per ottenere risultati simili.

INDICE

Introduzione   vii

Capitolo 1: L'importanza di una buona
memoria   1

Capitolo 2: Perché dovresti allenare la
tua memoria   5

Capitolo 3: Architettura della memoria   11

Capitolo 4: Come migliorare la memoria   17

Capitolo 5: Tecniche di Memoria   24

Capitolo 6: Esercizi per il cervello   31

Capitolo 7: Allenare l'Occhio   37

Capitolo 8: Allenare l'orecchio   42

Capitolo 9: Come ricordare i nomi   48

Capitolo 10: Come ricordare i volti   54

Capitolo 11: Come ricordare i luoghi   59

Capitolo 12: Come ricordare i numeri   65

Capitolo 13: Come ricordare i fatti   72

Capitolo 14: Compressione delle
informazioni   79

Capitolo 15: Tecnica del Palazzo della
Memoria   86

Capitolo 16: Ripetizione Dilazionata   93

Capitolo 17: Proteggi il tuo cervello   100

Conclusione   107

INTRODUZIONE

Ogni giorno ci troviamo di fronte a una moltitudine di compiti, sfide e obiettivi che richiedono il nostro impegno e la nostra attenzione. Che si tratti di avanzare nella nostra carriera, di perseguire i nostri sogni personali o di affrontare le semplici, ma essenziali, attività quotidiane, il successo dipende dalla nostra capacità di essere organizzati, gestire il nostro tempo e, soprattutto, ricordare informazioni cruciali. La memoria gioca un ruolo fondamentale in ogni aspetto della nostra vita, e una memoria forte e affilata è una risorsa indispensabile per affrontare ogni sfida con maggiore efficacia.

Ma forse ti stai chiedendo: "Davvero? Che c'entra una memoria acuta con la mia vita quotidiana? Se ho bisogno di sapere qualcosa, posso sempre cercarlo o scriverlo, giusto?" Bene, lascia che ti faccia riflettere su questo. Una buona memoria non è solo un vantaggio teorico, è una chiave pratica che può ridurre lo stress, migliorare la tua produttività e rendere le tue giornate più leggere e meno faticose. La memoria non è solo un archivio di informazioni, ma un abilitatore del nostro benessere e successo personale.

Immagina di essere in grado di ricordare facilmente i nomi delle persone che incontri, i dettagli di una riunione di lavoro o i frammenti essenziali di una conversazione con un cliente. Nelle relazioni professionali e personali, ricordare un nome, un fatto, un incontro, può essere la base per costruire rapporti solidi e duraturi. Il semplice gesto di usare correttamente il nome di qualcuno può fare la differenza tra una connessione superficiale e una vera alleanza. Inoltre, se non devi costantemente fare affidamento su appunti e promemoria per presentare una proposta o un progetto, sarai più rilassato, concentrato sulla qualità del contenuto, non sulla necessità di recuperare informazioni. E questo ti permetterà di trasmettere le tue idee con maggiore convinzione e naturalezza.

Lo stesso principio si applica nel contesto accademico. Che tu sia uno studente alle prese con esami impegnativi o un professionista che deve acquisire nuove competenze, una memoria efficiente è la chiave per ridurre lo stress legato all'apprendimento. Imparare in modo più rapido e preciso significa avere più tempo per riflettere, approfondire e applicare le nuove conoscenze. Non c'è bisogno di ripetere infiniti concetti, perché la tua memoria è diventata un alleato nella gestione delle informazioni. E non è solo una questione di memorizzare per gli esami; il vantaggio di una buona memoria è che ti consente di diventare un pensatore più critico e veloce, capace di rielaborare ciò che hai imparato con maggiore lucidità.

Anche nella vita quotidiana, la memoria svolge un ruolo fondamentale. Se pensi alla quantità di dettagli che devi ricordare ogni giorno — dai nomi dei negozi dove fai la spesa agli orari degli appuntamenti, dalle ricette da seguire alla gestione dei tuoi impegni sociali — avrai un'idea di quanto la memoria sia fondamentale per l'efficienza della tua routine. È facile sentirsi sopraffatti da tutto ciò che bisogna ricordare, ma una memoria forte ti consente di gestire questi compiti quotidiani in modo naturale, senza ansia o stress.

Ma allora, se la memoria è così essenziale, perché spesso troviamo difficoltà a ricordare determinate informazioni? Perché, a volte, ci sembra che ci voglia più tempo del dovuto per ricordare un nome, un numero o un fatto importante? Perché a volte ci ritroviamo a cercare invano un'informazione che, a quanto pare, non riusciamo a recuperare dalla nostra mente? La risposta risiede nella nostra capacità di creare, immagazzinare e recuperare i ricordi in modo efficace.

Il processo di memorizzazione non è automatico; è un'abilità che richiede attenzione, impegno e una certa metodologia. Quando il nostro cervello non è in grado di codificare correttamente un ricordo, questo non viene immagazzinato nel nostro sistema a lungo termine. Se una memoria non viene salvata correttamente, è come se non esistesse, e di conseguenza, non saremo in grado di richiamarla quando ne avremo bisogno. La nostra mente è come un archivio che, se non gestito bene, può diventare caotico, creando difficoltà nel recuperare informazioni importanti.

La buona notizia, però, è che la memoria può essere allenata e migliorata. Come ogni altra capacità, la nostra memoria può essere potenziata attraverso tecniche e strategie mirate. Con il giusto approccio, è possibile non solo ridurre le difficoltà di memoria, ma anche trasformare la nostra mente in uno strumento potentissimo, capace di affrontare qualsiasi sfida quotidiana, professionale o personale con maggiore efficacia.

In questo libro, esplorerai non solo le cause comuni che ostacolano una memoria efficiente, ma anche le soluzioni pratiche e concrete per migliorare le tue capacità mnemoniche. Imparerai come potenziare il tuo cervello, gestire lo stress, ottimizzare le tue abitudini e allenare la tua mente per affrontare le sfide con maggiore chiarezza e concentrazione. Sarà un percorso di trasformazione che ti guiderà verso una memoria più forte, una mente più lucida e una vita più soddisfacente.

Preparati a scoprire come potenziare la tua memoria e fare un passo avanti verso una vita più produttiva, tranquilla e di successo.

CAPITOLO 1: L'IMPORTANZA DI UNA BUONA MEMORIA

La memoria è una delle capacità più straordinarie del cervello umano. Ogni giorno affidiamo a questa complessa funzione mentale il compito di archiviare, recuperare e utilizzare informazioni che guidano le nostre decisioni, azioni e interazioni. Ma perché è così cruciale sviluppare e mantenere una buona memoria? E come possiamo trasformarla in uno strumento di crescita personale e professionale? In questo capitolo, esploreremo le ragioni profonde per cui una memoria efficace è fondamentale e come la sua cura può avere un impatto positivo su ogni aspetto della tua vita.

Una memoria forte è alla base della tua identità

Pensa per un momento a chi sei. Ogni tua esperienza, emozione e pensiero è radicato nella tua memoria. Essa non solo conserva i momenti significativi della tua vita, ma contribuisce anche a plasmare il tuo senso di identità. Senza memoria, perderemmo il filo conduttore della nostra esistenza, unendo passato, presente e futuro in un racconto coerente.

Una buona memoria ti permette di riconoscere le persone che ami, apprendere nuove competenze, risolvere problemi complessi e persino sognare in grande. Prendendoti cura di questa capacità, stai alimentando il cuore stesso di ciò che ti rende unico.

Memoria e produttività: un legame imprescindibile

La memoria è uno dei pilastri fondamentali della produttività. Immagina di affrontare una giornata lavorativa senza riuscire a ricordare informazioni essenziali, come i dettagli di un progetto o le date di una scadenza. Una memoria debole non solo rallenta il tuo ritmo, ma ti fa sentire frustrato e inadeguato.

Al contrario, una memoria allenata ti consente di:

- **Conservare informazioni chiave** senza dover continuamente consultare appunti o dispositivi.
- **Recuperare rapidamente dati importanti,** migliorando la tua efficienza.
- **Imparare velocemente nuove competenze,** mantenendo un vantaggio competitivo.

Allenando la tua memoria, puoi trasformare ogni compito in un'opportunità per brillare, eliminando il peso di dimenticanze e imprecisioni.

L'impatto emotivo di una memoria efficace

Una memoria solida non influisce solo sulla tua capacità di ricordare; migliora anche la tua salute emotiva. Quando riesci a ricordare eventi positivi, citazioni ispiratrici o successi personali, nutri un senso di gratitudine e fiducia in te stesso. Al contrario, dimenticare costantemente può generare ansia, stress e un senso di inadeguatezza.

Prenditi un momento per riflettere: quante volte ti sei sentito frustrato per non aver ricordato qualcosa di importante? Coltivando una memoria forte, puoi ridurre queste sensazioni negative e sostituirle con un senso di padronanza e sicurezza.

Una buona memoria è la chiave per relazioni significative

Le relazioni umane sono costruite su momenti condivisi, ricordi comuni e attenzione ai dettagli. Ricordare i compleanni, le passioni o persino le piccole preferenze di chi ti circonda dimostra cura e rispetto. Una memoria allenata ti aiuta a essere più presente e coinvolto nelle vite delle persone che ami, rafforzando legami autentici e duraturi.

Pensa a quante opportunità di connessione potresti cogliere semplicemente prestando attenzione e memorizzando ciò che conta davvero per gli altri.

Sfide cognitive: un'opportunità per crescere

Molti vedono le difficoltà di memoria come ostacoli insormontabili, ma ogni sfida può essere trasformata in un'opportunità. Affrontare le tue debolezze cognitive con determinazione ti porterà a scoprire risorse interiori che non sapevi di avere.

Inizia a vedere ogni dimenticanza come un campanello d'allarme: è il tuo cervello che ti chiede di rallentare, organizzarti meglio e dedicare del tempo alla cura della tua mente. Investendo energie nella tua memoria, stai costruendo le fondamenta per una vita più equilibrata e soddisfacente.

Una buona memoria non è solo un vantaggio pratico; è una risorsa che può trasformare radicalmente il modo in cui vivi, lavori e interagisci con il mondo. Ogni sforzo che dedichi al miglioramento della tua memoria è un investimento diretto nel tuo benessere e nella tua realizzazione personale.

CAPITOLO 2: PERCHÉ DOVRESTI ALLENARE LA TUA MEMORIA

Immagina la tua mente come un giardino. La memoria è il terreno fertile su cui crescono le tue idee, i tuoi pensieri e le tue esperienze. Senza una memoria allenata e nutrita, le piante della conoscenza appassiscono e le opportunità di crescita si riducono. Allenare la memoria non è solo una questione di ricordare più cose, ma di vivere una vita più piena, consapevole e produttiva. In questo capitolo esploreremo perché dovresti considerare l'allenamento della memoria una priorità e come questo possa trasformare la tua quotidianità.

La memoria: una chiave per il successo personale e professionale

La memoria è alla base di ogni apprendimento. Ti consente di accumulare conoscenza, analizzare informazioni e applicare ciò che hai appreso nelle sfide quotidiane. Ma è molto di più: è lo strumento che collega il tuo passato, il tuo presente e il tuo futuro.

Perché è cruciale nella vita personale:

- **Coltivare relazioni autentiche:** Ricordare dettagli importanti sulle persone che ti circondano – i loro interessi, compleanni o i momenti condivisi – rafforza i legami e dimostra empatia.
- **Gestire le emozioni:** La memoria ti aiuta a riflettere sulle esperienze passate per affrontare meglio situazioni simili in futuro.
- **Aumentare la fiducia in te stesso:** Quando riesci a richiamare le informazioni al momento giusto, ti senti più preparato e sicuro.

Perché è cruciale nella vita professionale:

- **Migliorare la produttività:** Una memoria efficace ti permette di ridurre il tempo speso a cercare informazioni o a ripetere attività già svolte.
- **Eccellere nella comunicazione:** Ricordare dati, numeri o storie pertinenti durante una riunione o una presentazione può fare la differenza tra mediocrità e eccellenza.
- **Essere pronti all'imprevisto:** Una memoria allenata aumenta la tua capacità di reagire

velocemente e in modo appropriato alle situazioni inaspettate.

I benefici cognitivi e pratici di una memoria allenata

Allenare la memoria non significa solo ricordare più cose, ma migliora l'intero funzionamento del tuo cervello. Vediamo come:

1. Miglioramento della concentrazione

Quando alleni la memoria, stai anche affinando la tua capacità di concentrarti. La concentrazione è fondamentale per trattenere informazioni e applicarle in modo efficace. Ad esempio, imparare tecniche di memoria come la *visualizzazione* richiede un focus che poi puoi applicare in altre aree della vita.

2. Stimolazione della creatività

Una memoria allenata ti permette di accedere rapidamente a un vasto archivio di conoscenze e idee, creando connessioni tra concetti diversi. Questo è essenziale per pensare in modo innovativo e risolvere problemi.

3. Prevenzione del declino cognitivo

Numerosi studi dimostrano che mantenere attiva la memoria riduce il rischio di malattie degenerative come l'Alzheimer. Gli esercizi di memoria agiscono come una palestra per il cervello, mantenendolo giovane e reattivo.

4. Miglioramento della gestione del tempo

Ricordare impegni, appuntamenti e scadenze senza dover dipendere completamente da note o app ti rende più efficiente e meno stressato.

Le conseguenze di una memoria trascurata

Molte persone non si rendono conto di quanto una memoria debole possa influenzare negativamente la loro vita. Trascurarla può portare a:

- **Frustrazione e stress:** Dimenticare costantemente le cose crea tensione, sia nella vita personale che professionale.
- **Opportunità mancate:** Se non riesci a richiamare informazioni importanti al momento giusto, potresti perdere occasioni significative.
- **Riduzione dell'autostima:** Sentirsi incapaci di ricordare può minare la fiducia in sé stessi, portando a un atteggiamento rinunciatario.

Allenare la memoria è quindi un investimento per il tuo benessere mentale e il tuo futuro.

Come iniziare ad allenare la memoria

Potresti pensare che migliorare la memoria sia complicato o richieda molto tempo, ma non è così. Ecco alcuni primi passi semplici ma potenti:

1. **Adotta uno stile di vita sano:** Dormi a sufficienza, segui una dieta equilibrata e pratica regolare attività fisica. Questi tre elementi influenzano direttamente la tua memoria.
2. **Impara nuove abilità:** Ogni volta che ti impegni in qualcosa di nuovo – che sia suonare uno strumento, imparare una lingua o cucinare una ricetta complessa – stai stimolando la tua memoria.
3. **Utilizza strategie pratiche:** Esistono tecniche specifiche per migliorare la memoria, come le mappe mentali, l'associazione visiva e la ripetizione spaziata. Ne parleremo in dettaglio nei prossimi capitoli.
4. **Pratica la mindfulness:** La meditazione e la consapevolezza aiutano a ridurre lo stress e migliorano la capacità di trattenere informazioni.

Allenare la memoria non è un'attività opzionale, ma una parte essenziale del tuo percorso di crescita personale. Ogni passo che fai per migliorare la tua memoria ti avvicina a una versione più sicura, consapevole e produttiva di te stesso. Non importa da dove inizi: l'importante è fare il primo passo.

Ricorda, la tua memoria è uno dei tuoi alleati più potenti. Trattala con cura, allenala con impegno e scoprirai che il tuo potenziale è molto più grande di quanto tu abbia mai immaginato.

CAPITOLO 3: ARCHITETTURA DELLA MEMORIA

La memoria è uno dei doni più straordinari che la mente umana possa offrirci. Essa non è solo un contenitore di informazioni, ma un complesso sistema dinamico che ci permette di apprendere, crescere e vivere esperienze con significato. Comprendere l'architettura della memoria è il primo passo per potenziarla e utilizzarla al massimo delle sue capacità. In questo capitolo esploreremo i diversi tipi di memoria, il loro funzionamento e come queste conoscenze possano trasformare la tua capacità di ricordare.

La memoria come un sistema interconnesso

Immagina la tua memoria come una città vivente. I ricordi sono edifici, le connessioni tra di essi sono strade, e il tuo cervello è l'urbanista che decide come sviluppare questa città. Alcuni edifici sono solidi e ben progettati; altri sono frammentari o in costruzione. Le strade che collegano questi edifici possono essere ampie autostrade o piccoli sentieri difficili da percorrere. Quando capisci come funziona questa città, puoi iniziare a costruire strade più efficienti e a rendere gli edifici più robusti.

L'architettura della memoria si suddivide in tre componenti principali:

1. **Memoria sensoriale:** È il punto di ingresso per tutte le informazioni che percepiamo dal mondo esterno. Dura solo pochi secondi, ma è essenziale per catturare i dettagli iniziali di ciò che viviamo.

2. **Memoria a breve termine:** Spesso chiamata memoria di lavoro, è il luogo dove elaboriamo le informazioni temporanee. Qui si verificano molte delle attività cognitive, come il ragionamento e la risoluzione di problemi.

3. **Memoria a lungo termine:** Questo è il deposito principale, dove vengono immagazzinate le informazioni che vogliamo conservare per periodi prolungati. Include i ricordi autobiografici, le conoscenze acquisite e le competenze apprese.

Memoria sensoriale: il primo filtro

La memoria sensoriale è il nostro primo livello di

interazione con l'ambiente. Attraverso i sensi — vista, udito, tatto, gusto e olfatto — il cervello raccoglie una quantità enorme di informazioni ogni secondo. Tuttavia, gran parte di queste informazioni viene ignorata, a meno che non catturi la nostra attenzione.

Come sfruttare la memoria sensoriale:

- **Allenare l'attenzione:** Quando impari a focalizzarti su dettagli specifici, stai essenzialmente potenziando il tuo filtro sensoriale. Prova esercizi come osservare un oggetto e descriverne mentalmente ogni dettaglio.
- **Creare associazioni multisensoriali:** Coinvolgere più sensi contemporaneamente migliora la codifica delle informazioni. Ad esempio, associare un suono o un odore a un concetto o a un ricordo rafforza la memoria.

Memoria a breve termine: il centro di elaborazione

La memoria a breve termine è come una scrivania dove lavori alle informazioni immediate. Tuttavia, questa scrivania ha uno spazio limitato: puoi gestire solo un numero ristretto di informazioni alla volta (in media, 7 elementi, più o meno 2). L'obiettivo è utilizzare questo spazio in modo efficiente e trasferire i dati più importanti alla memoria a lungo termine.

Tecniche per ottimizzare la memoria a breve termine:

- **Chunking:** Dividi grandi volumi di informazioni in blocchi più piccoli. Ad esempio, ricordare una sequenza di numeri come "123-456-789" è più semplice rispetto a "123456789".
- **Ripetizione elaborativa:** Non limitarti a ripetere meccanicamente le informazioni; collega i nuovi dati a ciò che già conosci. Ad esempio, se stai imparando una nuova parola, prova a usarla in una frase che abbia senso per te.
- **Gestione dello stress:** Lo stress rappresenta uno dei fattori principali che compromettono la memoria a breve termine. Pratiche come la meditazione o il controllo del respiro possono aiutarti a mantenere la mente chiara e concentrata.

Memoria a lungo termine: il grande archivio

La memoria a lungo termine è dove le informazioni trovano un posto permanente. Questo archivio è incredibilmente vasto e organizzato in due categorie principali:

- **Memoria dichiarativa:** Include i ricordi che puoi verbalizzare, come fatti ed eventi (es.

ricordare la capitale della Francia o il
giorno del tuo compleanno).

- **Memoria procedurale:** Riguarda le abilità e
le procedure che hai appreso, come andare
in bicicletta o suonare uno strumento.

Strategie per rafforzare la memoria a lungo termine:

- **Visualizzazione mentale:** Trasforma le
informazioni astratte in immagini vivide.
Ad esempio, se devi ricordare una lista,
associa ogni elemento a un oggetto o a una
scena.
- **Ripetizione distribuita:** Studiare o
ripassare le informazioni a intervalli
regolari è molto più efficace rispetto al
ripasso intensivo in un'unica sessione.
- **Narrazione personale:** Inserire i nuovi
ricordi in una narrazione che abbia
significato personale aumenta la probabilità
di conservarli nel tempo.

Le connessioni: il segreto di una memoria potente

La memoria non è statica; è un sistema basato sulle connessioni. Più forte è la rete di associazioni tra i ricordi, più facile sarà recuperarli. Un modo per migliorare queste connessioni è impegnarsi attivamente nel rafforzarle.

Costruire connessioni:

- **Mappe mentali**: Organizza le informazioni in una struttura visiva, evidenziando i legami tra diversi concetti.
- **Discussione e insegnamento**: Condividere ciò che hai appreso con gli altri solidifica le tue conoscenze e crea nuove connessioni nella tua mente.
- **Curiosità e creatività**: La memoria prospera quando sei curioso e aperto a nuovi modi di pensare. Non avere paura di esplorare collegamenti inaspettati tra idee apparentemente distanti.

Abbraccia la tua memoria

Ricorda che migliorare la tua memoria non è solo una questione di strategie, ma di mentalità. Ogni ricordo che conservi, ogni connessione che crei, è un riflesso della tua capacità di evolvere. Con pazienza, pratica e una comprensione profonda dell'architettura della tua memoria, puoi trasformarla in uno strumento incredibilmente potente per raggiungere i tuoi obiettivi e vivere una vita più piena e consapevole.

CAPITOLO 4: COME MIGLIORARE LA MEMORIA

La memoria è una delle capacità più straordinarie della mente umana. Grazie ad essa, possiamo apprendere, crescere, e connetterci con il mondo che ci circonda. Tuttavia, spesso sottovalutiamo quanto sia importante coltivarla e migliorarla. Non è solo un dono innato; è una competenza che può essere affinata con l'impegno e le giuste strategie. In questo capitolo esploreremo come migliorare la memoria, offrendoti strumenti pratici e spunti per integrarle nella tua quotidianità.

Comprendere la memoria: un primo passo verso il miglioramento

Prima di iniziare, fermati un attimo e rifletti: come funziona davvero la tua memoria? Capire i meccanismi alla base di questo processo è il primo passo per migliorarlo. La memoria non è un blocco unico; si suddivide in tre fasi fondamentali:

1. **Codifica:** è il momento in cui acquisisci nuove informazioni. La qualità della codifica dipende dalla tua concentrazione e dal contesto in cui apprendi.
2. **Consolidamento:** è il processo attraverso cui le informazioni vengono trasferite dalla memoria a breve termine a quella a lungo termine. Questo processo richiede tempo e ripetizione.
3. **Recupero:** è la fase in cui richiami alla mente ciò che hai appreso. Spesso, la difficoltà non risiede nella mancanza di memorizzazione, ma in un recupero inefficace.

Conoscere queste fasi ti aiuta a individuare dove il tuo processo può essere migliorato e a focalizzarti su azioni specifiche per ottenere risultati tangibili.

Abitudini quotidiane per potenziare la memoria

La memoria è strettamente collegata al tuo stile di vita. Modificare alcune abitudini quotidiane può fare una differenza enorme. Ecco alcune pratiche fonda-mentali:

1. Dormire bene

Il sonno non è un privilegio, ma un elemento essenziale per mantenere il cervello in salute. Durante il riposo notturno, la mente elabora e rafforza le informazioni acquisite nel corso della giornata. Dormire meno di sette ore per notte compromette seriamente la tua capacità di ricordare.

Consiglio pratico: Stabilisci una routine di sonno costante. Evita l'uso di dispositivi elettronici almeno un'ora prima di coricarti e prova a rispettare un orario regolare per andare a dormire.

2. Seguire una dieta equilibrata

Il tuo cervello ha bisogno di carburante di qualità. Una dieta ricca di antiossidanti, grassi sani e vitamine, composta da alimenti come frutta, verdura, noci e pesce, favorisce il corretto funzionamento delle capacità cognitive.

Consiglio pratico: Integra cibi come mirtilli, salmone, e spinaci nella tua dieta. Limita zuccheri raffinati e cibi processati che possono influire negativamente sulla memoria.

3. Fare attività fisica

Il movimento non giova solo al corpo, ma anche alla mente. L'attività fisica aumenta l'afflusso di sangue al cervello, favorendo la crescita di nuove connessioni neurali.

Consiglio pratico: Anche una camminata di 30

minuti al giorno può migliorare la tua memoria a lungo termine.

4. Gestire lo stress

Lo stress cronico è uno dei peggiori nemici della memoria. Il cortisolo, noto come l'ormone dello stress, può avere effetti dannosi sull'ippocampo, la parte del cervello che svolge un ruolo cruciale nella memoria.

Consiglio pratico: Dedica del tempo alla meditazione, alla respirazione profonda o ad attività rilassanti che ti aiutino a ridurre lo stress.

Strategie pratiche per migliorare la memoria

Oltre a uno stile di vita sano, esistono tecniche specifiche per allenare la memoria. Questi metodi non solo ti aiutano a ricordare meglio, ma rendono il processo di apprendimento più coinvolgente e stimolante.

1. La tecnica dei loci

Conosciuta anche come il "Palazzo della Memoria", questa strategia consiste nell'associare le informazioni che vuoi ricordare a luoghi specifici. Immagina di camminare attraverso una stanza e collocare mentalmente ogni informazione in un punto preciso. Quando vorrai recuperarle, ti basterà ripercorrere mentalmente quel percorso.

Esempio pratico: Se devi ricordare una lista della spesa, immagina di posizionare ogni oggetto in una stanza della tua casa.

2. La ripetizione spaziata

Questa strategia si fonda sull'idea che ripetere le informazioni a intervalli sempre più ampi ottimizza la capacità di memorizzarle nel lungo termine. Anziché ripassare tutto in una volta, distribuisci le revisioni nel tempo.

Consiglio pratico: Utilizza applicazioni come Anki o un semplice calendario per programmare i tuoi ripassi.

3. Associazioni visive e mnemoniche

Creare immagini mentali vivide o associare parole a immagini insolite può rendere le informazioni più memorabili.

Esempio pratico: Per ricordare il nome di una persona, puoi associarlo a un oggetto o un'immagine che richiami il suono del nome.

4. Leggi e insegna agli altri

Leggere attivamente, sottolineare i punti chiave e, successivamente, spiegare le informazioni a qualcun altro, rafforza il tuo apprendimento. Quando insegni, devi riorganizzare le informazioni nella tua mente, il che facilita il ricordo.

Consiglio pratico: Dopo aver letto un capitolo di un libro, prova a riassumerlo a un amico o a scriverne i punti principali.

Coltivare la curiosità: il motore della memoria

Uno degli strumenti più potenti per migliorare la memoria è la curiosità. Quando sei genuinamente interessato a qualcosa, il cervello tende a prestare più attenzione e a memorizzare più facilmente.

Esercizio pratico: Ogni giorno, cerca di apprendere qualcosa di nuovo che ti appassiona. Può trattarsi di una parola in una lingua straniera, di un'informazione insolita o di una competenza pratica.

Superare le sfide della memoria

Infine, ricorda che migliorare la memoria è un percorso. Ci saranno giorni in cui farai progressi e altri in cui ti sentirai bloccato. Non lasciare che questi momenti ti scoraggino. Ogni difficoltà è un'opportunità per imparare qualcosa su te stesso e sui tuoi limiti.

Messaggio motivazionale: Il potere della tua memoria è nelle tue mani. Con impegno, disciplina e una mente aperta al cambiamento, puoi trasformare la tua capacità di ricordare e, con essa, la tua vita.

Continua il tuo viaggio: il prossimo capitolo ti

guiderà attraverso tecniche avanzate che renderanno il miglioramento della memoria ancora più entusiasmante.

guiderà attraverso tecniche avanzate che renderanno il miglioramento della memoria ancora più entusiasmante.

CAPITOLO 5: TECNICHE DI MEMORIA

La memoria è uno degli strumenti più potenti a nostra disposizione, ma spesso non ci rendiamo conto del suo vero potenziale. Pensiamo alla memoria come a un muscolo: più la alleniamo, più diventa forte, agile e pronta ad affrontare le sfide quotidiane. Questo capitolo è dedicato a offrirti le tecniche più efficaci per potenziare la tua memoria e, di conseguenza, migliorare la tua capacità di concentrarti, memorizzare e aumentare la tua produttività. Ma non si tratta solo di memorizzare informazioni. Le tecniche che esploreremo oggi sono chiavi per aprire porte che ti condurranno verso una vita più organizzata, efficiente e soddisfacente.

1. L'Arte degli Acronimi: Sembrano Facili, Ma Sono Potenti

Gli acronimi sono una delle tecniche mnemoniche

più potenti e versatili che esistano. Si tratta di prendere le prime lettere di un gruppo di parole e combinarle in un'unica parola che ti aiuterà a ricordare meglio. Questa tecnica è spesso utilizzata per memorizzare elenchi di dati o informazioni complesse, ma può anche essere applicata a qualsiasi aspetto della tua vita.

Per esempio, immagina di dover memorizzare una lista di azioni per affrontare una giornata stressante:

- **P**: Prenditi una pausa
- **A**: Affronta le priorità
- **N**: Non procrastinare
- **I**: Inizia con il più difficile
- **C**: Concentrati sulle soluzioni
- **O**: Organizza il tuo tempo

L'acronimo *PANICO* in questo caso non solo ti aiuta a ricordare le azioni, ma ti offre anche una guida per affrontare le difficoltà quotidiane con maggiore serenità e determinazione.

Gli acronimi non devono per forza essere parole esistenti. Puoi creare le tue combinazioni in base a ciò che ti è più utile, personalizzando il processo. L'importante è che l'acronimo sia facile da ricordare e strettamente legato alla tua vita quotidiana. Ricorda: ogni tecnica mnemonica deve essere creata per lavorare con te, non contro di te.

2. Le Frasi Mnemoniche: Crea una Storia che Ti Guida

Le frasi mnemoniche sono un'altra tecnica estremamente utile, e si basano su un principio simile a quello degli acronimi: semplificare un'informazione complessa in una sequenza più facile da memorizzare. La differenza principale rispetto agli acronimi è che qui, invece di usare lettere, usiamo parole complete per creare una frase che "racconta" un concetto o una serie di azioni.

Immagina di dover ricordare l'ordine dei pianeti del sistema solare: Mercurio, Venere, Terra, Marte, Giove, Saturno, Urano, Nettuno. Puoi utilizzare una frase mnemonica come questa:

"Mi Viene Tristezza Magari, Giuro Su Un Nucleo"

Ogni parola della frase inizia con la stessa lettera del pianeta che deve essere ricordato. Il segreto di questa tecnica sta nella creatività e nella connessione emotiva che riesci a creare con le parole che scegli. Quando costruisci frasi mnemoniche, cerca di usare parole che ti sono familiari o che evocano un'immagine mentale forte. Più l'immagine è vivida, più sarà facile per la tua mente rievocare la sequenza di informazioni.

3. Il Metodo dei Loci: Un Viaggio Visivo nel Tuo Mondo

Se sei pronto a fare un passo oltre, ti consiglio di

esplorare il *Metodo dei Loci*, una delle tecniche più antiche e potenti per migliorare la memoria. Questo metodo affonda le radici nell'antica Grecia e si basa sull'idea di associare informazioni da ricordare a luoghi familiari. Si dice che il celebre oratore greco Cicerone usasse questo metodo per memorizzare lunghi discorsi. Il principio è semplice: immagina un percorso o un luogo che conosci molto bene e associalo a ciò che vuoi ricordare. Ogni punto del percorso rappresenterà un'informazione specifica.

Immagina, per esempio, di dover ricordare una lista di compiti da fare. Puoi scegliere il percorso che percorri ogni giorno per andare al lavoro. Ogni volta che attraversi un punto del tuo cammino – come la porta di casa, il negozio all'angolo o il parco – associa a ciascuno di essi una parte del tuo elenco. Man mano che percorri il tuo cammino mentale, visualizza vividamente ogni attività da completare, in modo che quando arriverai all'ultimo punto del tuo percorso, avrai rievocato tutto ciò che devi fare.

Il Metodo dei Loci non solo migliora la tua capacità di memorizzare informazioni, ma ti aiuta anche a gestire l'ansia e la distrazione. Imparare a visualizzare con precisione e chiarezza ti offre un ancoraggio mentale che ti aiuta a concentrarti senza perdersi nel caos quotidiano.

4. Il Chunking: Spezza per Conquistare

Un altro trucco utile è il *Chunking*, che consiste nel

suddividere informazioni complesse in blocchi più piccoli e facili da gestire. Immagina di dover ricordare un numero di telefono lungo dieci cifre. Invece di tentare di memorizzare tutte le dieci cifre contemporaneamente, suddividi il numero in tre blocchi: il primo di tre numeri, il secondo di tre numeri, e l'ultimo di quattro. Così facendo, il numero diventa molto più facile da memorizzare.

Questa tecnica funziona anche per la memorizzazione di informazioni più complesse, come elenchi di attività, strategie aziendali o concetti accademici. Quando le informazioni sono spezzate in blocchi di piccole dimensioni, la tua mente è in grado di elaborarle e conservarle con maggiore facilità. Quando studi o affronti un nuovo progetto, prova a "chunkare" l'intero processo: suddividilo in piccole sezioni, ognuna delle quali richiederà attenzione separata.

5. La Potenza della Ripetizione: La Chiave per Consolidare

Molto spesso, la chiave per rafforzare la memoria è la ripetizione. Non basta memorizzare qualcosa una sola volta e sperare che rimanga impresso nella mente. La ripetizione distribuita è un approccio più efficace: invece di ripetere un'informazione incessantemente in un'unica sessione, ripetila in momenti separati nel tempo. Questo processo di "spaziatura" aiuta il cervello a consolidare meglio le informazioni.

Non è solo una questione di ripetere, ma di ripetere

nel momento giusto. Quando hai bisogno di ricordare qualcosa a lungo termine, cerca di rivedere le informazioni dopo uno, due o tre giorni dalla prima lettura. La spaziatura rinforza i legami neuronali, rendendo l'informazione più solida e facile da recuperare in futuro.

6. Connettere le Informazioni con Immagini e Emozioni

Infine, una delle tecniche più potenti di tutte è quella di connettere le informazioni con immagini vivide e emozioni forti. Le immagini mentali sono estremamente potenti quando si tratta di memoria, perché la nostra mente tende a ricordare meglio ciò che ha un impatto emotivo. Se devi memorizzare un concetto complesso, prova a creare un'immagine mentale legata a quel concetto e aggiungi un'emozione ad essa. Ad esempio, se devi ricordare una presentazione importante, visualizza te stesso sul palco, con una folla entusiasta che applaude. Più l'immagine è emozionante e chiara, più sarà facile ricordarla.

Le emozioni sono il "collante" che rende le informazioni più memorabili. Collega ciò che devi ricordare a qualcosa che ti fa sentire una forte reazione emotiva, e vedrai come la tua memoria diventerà più agile.

La Memoria è il Tuo Superpotere

Le tecniche di memoria sono strumenti straordinari che ti permettono di accedere al tuo potenziale intellettuale nascosto. Ma ricorda, la memoria non è solo una questione di "memorizzare" dati. È un atto di connessione, di riflessione, di consapevolezza. Ogni volta che applichi una di queste tecniche, stai allenando non solo il tuo cervello, ma anche la tua capacità di concentrarti, di organizzare le tue priorità e di migliorare la tua produttività.

La memoria non è una dote innata, ma una competenza che puoi sviluppare ogni giorno. Ogni sfida che affronterai sarà un'opportunità per allenarla. Usa queste tecniche con costanza, adattale alle tue necessità, e vedrai come la tua memoria diventerà uno strumento essenziale per il tuo successo personale e professionale.

CAPITOLO 6: ESERCIZI PER IL CERVELLO

Una memoria efficace non è un talento innato riservato a pochi, ma un'abilità che chiunque può coltivare e migliorare. Il cervello, proprio come un muscolo, si rafforza e diventa più efficiente con l'esercizio costante. In questo capitolo scoprirai esercizi pratici e potenti che puoi integrare nella tua vita quotidiana per potenziare la memoria, aumentare la concentrazione e migliorare la tua capacità di elaborare informazioni.

Sei pronto? Ricorda, ogni sforzo che fai oggi è un investimento sul tuo futuro.

Perché allenare il cervello?

Prima di immergerci negli esercizi, è importante capire il perché dell'allenamento mentale. Ogni giorno il tuo cervello affronta una quantità incredibile di stimoli: notizie, notifiche, conversazioni, decisioni da prendere. Senza un allenamento adeguato, rischi di sovraccaricare la tua mente, perdendo efficacia e lucidità.

Allenare il cervello ti permette di:

- **Rafforzare le connessioni neuronali**: ogni esercizio stimola nuove sinapsi, migliorando la capacità di apprendimento.
- **Prevenire il declino cognitivo**: una mente allenata è più resistente all'invecchiamento e alle malattie neurodegenerative.
- **Aumentare la flessibilità mentale**: affrontare sfide cognitive migliora la tua capacità di adattarti a nuove situazioni.

Ora che conosci i benefici, vediamo come metterli in pratica.

Esercizi pratici per stimolare il cervello

1. Gioca con i numeri

La matematica non è solo per studenti o professionisti del settore; è un ottimo allenamento per il cervello. Prova questi esercizi:

- Calcola a mente invece di usare la calcolatrice.
- Memorizza numeri di telefono o sequenze numeriche.

- Risolvi puzzle matematici o giochi come
  Sudoku.

Questi esercizi migliorano la memoria di lavoro e la capacità di elaborare informazioni in modo rapido.

2. Usa la memoria visiva

Il cervello umano è altamente visivo, quindi sfruttare le immagini può potenziare la tua capacità di ricordare. Prova questo:

- Osserva un oggetto o una scena per 30
  secondi, poi chiudi gli occhi e descrivilo nei
  minimi dettagli.
- Usa mappe mentali per organizzare
  informazioni complesse.
- Associa immagini vivide a concetti astratti
  (ad esempio, immagina un sole splendente
  per ricordare una giornata felice).

3. Impara qualcosa di nuovo

L'apprendimento è uno degli stimoli più potenti per il cervello. Quando ti esponi a nuove informazioni o abilita, crei nuove connessioni neuronali. Alcune idee:

- Impara una nuova lingua: esercita
  memoria, logica e creatività.

- Suona uno strumento musicale: richiede coordinazione, ascolto e memoria.
- Studia un argomento che ti affascina, anche solo per hobby.

4. Allenati con giochi cognitivi

Molti giochi stimolano l'attenzione, la memoria e la risoluzione dei problemi. Ecco alcuni esempi:

- Giochi di memoria (come ricordare carte o oggetti in sequenza).
- Cruciverba e parole crociate per arricchire il vocabolario.
- App per il training cerebrale, come Lumosity o Elevate, progettate per stimolare diverse aree cognitive.

5. Cambia le abitudini quotidiane

Anche i piccoli cambiamenti nella routine possono stimolare il cervello. Prova a:

- Usare la mano non dominante per scrivere o spazzolarti i denti.
- Cambiare percorso per andare al lavoro.
- Preparare un pasto senza seguire una ricetta, affidandoti alla memoria.

Questi esercizi migliorano la plasticità cerebrale, rendendoti più flessibile e creativo.

6. Pratica la meditazione e la mindfulness

Potrebbe sorprendere, ma il riposo mentale è essenziale per migliorare la memoria. La meditazione riduce lo stress, aumenta la concentrazione e potenzia la memoria. Prova a:

- Sederti in un luogo tranquillo per 10 minuti, concentrandoti sul respiro.
- Praticare esercizi di mindfulness, come osservare i dettagli del presente senza giudizio.

Trasforma gli esercizi in abitudini

Come ogni allenamento, anche quello mentale richiede costanza. Ecco alcune idee per incorporare questi esercizi nella tua quotidianità:

1. **Inizia con poco:** Dedica 10-15 minuti al giorno agli esercizi, aumentando gradualmente.
2. **Sii regolare:** La ripetizione è la chiave per creare nuove abitudini.
3. **Monitora i progressi:** Tieni un diario per annotare i tuoi miglioramenti e le sfide affrontate.

Il potenziamento della memoria non è un traguardo, ma un percorso continuo. Ogni esercizio che fai ti avvicina a una mente più lucida, creativa e resiliente. Tieni a mente che non è mai troppo tardi per cominciare. Ogni passo che compi oggi contribuirà al tuo successo domani.

Immagina di guardarti indietro tra qualche mese e vedere quanto sei cresciuto. Sei capace di tutto questo e molto di più. Ora è il momento di agire!

CAPITOLO 7: ALLENARE L'OCCHIO

Immagina di essere in una biblioteca enorme, con milioni di libri disposti sugli scaffali. Ogni libro rappresenta un frammento della tua memoria: una sensazione, un'immagine, un nome, un evento. Il tuo occhio è il bibliotecario incaricato di selezionare quali libri prendere, sfogliare e memorizzare. Allenare l'occhio significa rendere questo bibliotecario sempre più rapido, preciso ed efficiente nel cogliere i dettagli essenziali e trasformarli in ricordi durevoli. In questo capitolo esploreremo come migliorare la capacità di osservazione e concentrazione, trasformando i tuoi occhi in uno strumento potentissimo per potenziare la memoria e la produttività.

Perché l'occhio è cruciale per la memoria

La memoria visiva è uno dei canali più potenti attraverso cui il nostro cervello immagazzina informazioni. Le ricerche evidenziano che il cervello umano elabora le immagini 60.000 volte più rapidamente rispetto al testo. Questo significa che migliorare la capacità di osservazione non solo rafforza la memoria visiva, ma incrementa anche la comprensione e la velocità con cui elaboriamo le informazioni.

Allenare l'occhio non riguarda solo la vista in senso fisico, ma anche la capacità di notare dettagli, schemi e connessioni che spesso passano inosservati. Ogni dettaglio che catturi è un tassello in più che rende il tuo quadro mentale più completo.

Riflessione personale

Chiediti: quante volte sei passato davanti a un particolare luogo o oggetto senza davvero osservarlo? Quanto ti sfugge del mondo che ti circonda perché sei distratto o troppo focalizzato sui tuoi pensieri? Riconoscere questa mancanza di consapevolezza è il primo passo per migliorare.

Strategie per allenare l'occhio

1. Pratica l'osservazione consapevole

Inizia dedicando pochi minuti al giorno a osservare attentamente l'ambiente che ti circonda. Scegli un oggetto, una persona o un panorama e concentrati sui dettagli:

- Quali colori vedi?
- Quali forme riesci a distinguere?
- Ci sono schemi o simmetrie particolari?

Questa pratica non solo migliora la tua capacità di osservazione, ma aiuta anche a radicare i ricordi più profondamente, creando collegamenti tra ciò che vedi e ciò che pensi.

2. Gioca con i dettagli

Trasforma l'osservazione in un gioco. Per esempio, osserva una stanza per un minuto e poi chiudi gli occhi cercando di ricordare quanti più dettagli possibili. Ripeti l'esercizio regolarmente e cerca di migliorarti ogni volta.

Un altro esercizio efficace consiste nel guardare una fotografia o un dipinto e rispondere a domande come:

- Quanti oggetti blu ci sono?
- Dove si trova la fonte di luce?
- Cosa manca o potrebbe essere aggiunto alla scena?

Questi giochi stimolano la tua memoria visiva e ti aiutano a sviluppare un occhio più attento e selettivo.

3. Focalizzati sul linguaggio del corpo

Osservare le persone è una pratica eccezionale per allenare l'occhio. Presta attenzione ai movimenti, alle espressioni facciali, alla postura. Questo non solo migliora la tua memoria, ma potenzia anche la tua intelligenza emotiva, rendendoti più capace di interpretare il contesto sociale e le emozioni altrui.

4. Allenati con le mappe mentali visive

Le mappe mentali sono strumenti straordinari per potenziare la memoria visiva. Quando cerchi di ricordare qualcosa, crea una rappresentazione visiva nella tua mente. Può essere una sequenza di immagini, un percorso o una metafora. Più i dettagli visivi sono vividi, più sarà facile richiamarli alla memoria.

Ad esempio, se devi ricordare una lista di compiti, immagina ogni attività come una scena specifica in un percorso che conosci bene, come le stanze della tua casa.

5. Integra l'occhio con gli altri sensi

Per rafforzare la memoria visiva, combina l'osservazione con gli altri sensi. Se stai osservando un oggetto, toccalo, ascoltane il suono o associane un odore. La multisensorialità crea connessioni più robuste nel cervello, rendendo i ricordi più vividi e duraturi.

L'importanza del riposo per l'occhio

Un occhio stanco non può osservare efficacemente. Concedi al tuo sguardo delle pause regolari, specialmente se lavori a lungo davanti a uno schermo. Sperimenta la regola del 20-20-20: ogni 20 minuti, focalizza lo sguardo su un oggetto situato a 6 metri di distanza per almeno 20 secondi. Questo esercizio riduce l'affaticamento visivo e mantiene l'occhio pronto e reattivo.

Allenare l'occhio significa allenare la mente a essere più presente, curiosa e attenta. Ogni dettaglio che noti è un piccolo trionfo contro la distrazione e un passo verso una memoria più forte. Non si tratta semplicemente di guardare, ma di prestare attenzione e capire. Abbraccia questo allenamento come un'opportunità per scoprire il mondo che ti circonda con occhi nuovi e una mente più ricettiva. E ricorda: ogni sguardo è una finestra verso un ricordo che potrebbe arricchire la tua vita.

CAPITOLO 8: ALLENARE L'ORECCHIO

Immagina per un momento di essere in una stanza affollata. Le persone parlano, la musica suona in sottofondo, eppure riesci a concentrarti su una conversazione specifica. Questo fenomeno, noto come "effetto cocktail party", è un esempio straordinario di come il tuo cervello e il tuo orecchio possano lavorare insieme per filtrare le informazioni rilevanti. Ora, immagina di migliorare questa capacità: di affinare il tuo ascolto al punto da riuscire a cogliere dettagli sottili e sfumature che prima ti sfuggivano. Questo è il potenziale dell'allenamento dell'orecchio, ed è uno strumento fondamentale per potenziare la memoria, migliorare la concentrazione e ampliare la tua produttività.

Perché allenare l'orecchio?

Il nostro orecchio è il portale attraverso cui riceviamo una quantità enorme di informazioni ogni giorno. Tuttavia, spesso lo utilizziamo in modo passivo, ascoltando senza realmente sentire. Allenare l'orecchio significa trasformare questa abilità passiva in una pratica attiva, sviluppando una capacità di ascolto profondo e consapevole.

Un ascolto allenato ti permette di:

- **Memorizzare meglio i dettagli:** Informazioni verbali, nomi, dati o istruzioni sono assimilati più rapidamente e trattenuti più a lungo.
- **Migliorare la concentrazione:** Focalizzarti su suoni specifici rafforza la tua capacità di ignorare distrazioni.
- **Aumentare l'empatia:** Cogliendo sfumature vocali ed emotive, comprenderai meglio chi ti circonda.
- **Potenziare la creatività:** L'esposizione a suoni nuovi e l'ascolto attento stimolano il pensiero creativo.

È chiaro che l'allenamento dell'orecchio non riguarda solo la memoria, ma anche la crescita personale e la qualità delle tue relazioni.

Gli strumenti dell'ascolto attivo

1. Ridurre il rumore di lòfondo

Prima di iniziare qualsiasi esercizio, è fondamentale minimizzare il rumore ambientale. In un mondo sempre più caotico, imparare a creare un ambiente sonoro "pulito" è essenziale. Questo non significa eliminare ogni suono, ma ridurre al minimo quelli che distraggono.

- **Esercizio:** Siediti in un luogo tranquillo, chiudi gli occhi e concentrati sui suoni più lontani che puoi percepire. Gradualmente, avvicina la tua attenzione ai suoni più vicini, come il tuo respiro o il battito cardiaco.

2. Imparare a segmentare

Una delle chiavi per migliorare la memoria auditiva è saper segmentare le informazioni. Ciò significa suddividere un discorso o un suono in parti più gestibili.

- **Esercizio:** Ascolta un breve brano musicale o un podcast e cerca di ricordare le parole o i temi principali in sequenze di tre o quattro elementi alla volta.

3. Allenare la discriminazione dei suoni

Non tutti i suoni hanno lo stesso valore: saper discriminare tra ciò che è importante e ciò che non lo è è cruciale per una memoria efficace.

- **Esercizio:** Prova a identificare strumenti specifici in una canzone complessa o a distinguere la voce principale dai cori.

4. Ripetizione e riascolto

La ripetizione è una tecnica semplice ma potente. Riascoltare un'informazione o un suono rinforza i collegamenti neurali e migliora la memoria a lungo termine.

- **Esercizio:** Ripeti a voce alta ciò che ascolti, come un numero di telefono o una lista di parole, e verifica quanto ricordi senza riascoltare.

Integrare l'allenamento nella vita quotidiana

Non hai bisogno di dedicare ore intere all'allenamento dell'orecchio. Anche brevi sessioni integrate nelle attività quotidiane possono fare una grande differenza.

- **Durante il tragitto:** Ascolta audiolibri o podcast. Concentrati non solo sul contenuto, ma anche sul tono, il ritmo e le pause del narratore.
- **Conversazioni consapevoli:** Quando interagisci con qualcuno, cerca di percepire non solo le parole, ma anche il

significato nascosto e il linguaggio del
corpo.

- **Esplorazione sonora:** Dedica qualche
minuto ogni giorno a un nuovo ambiente
sonoro: il cinguettio degli uccelli, il rumore
della pioggia o il brusio di un mercato.

Superare gli ostacoli comuni

È normale incontrare difficoltà durante il percorso.
La mente potrebbe vagare, o potresti trovarti sopraffatto dalla quantità di informazioni. Ecco come affrontare queste sfide:

- **Mente distratta:** Porta gentilmente la tua
attenzione al presente. Non giudicare la tua
distrazione; considera ogni ritorno al focus
come un allenamento aggiuntivo.
- **Frustrazione:** Ricorda che ogni progresso,
anche piccolo, è un passo avanti.
L'allenamento richiede tempo e pazienza.
- **Informazioni eccessive:** Impara a filtrare.
Con il tempo, diventerà più facile ignorare
ciò che è irrilevante.

Allenare l'orecchio è un viaggio di scoperta e
miglioramento continuo. Ogni suono, ogni conversazione e ogni momento di ascolto consapevole diventa
un'opportunità per crescere. Investire in questa pratica

non solo rafforzerà la tua memoria, ma ti aiuterà a vivere in modo più presente, connesso e consapevole.

Inizia oggi: scegli un esercizio, dedica qualche minuto e osserva come il tuo mondo sonoro si trasforma, offrendoti nuove opportunità di apprendimento e crescita personale.

CAPITOLO 9: COME RICORDARE I NOMI

Ti è mai capitato di incontrare qualcuno, stringergli la mano, ascoltare il suo nome... e dimenticarlo pochi secondi dopo? Non sei solo. Ricordare i nomi è una delle sfide più comuni nella vita quotidiana, ma è anche una delle abilità più importanti per costruire relazioni solide e significative. Un nome è molto più di una parola: è un simbolo d'identità e di connessione personale. Quando ricordi il nome di qualcuno, dimostri rispetto, attenzione e interesse genuino.

In questo capitolo, scoprirai come allenarti a ricordare i nomi con tecniche pratiche ed efficaci. Ogni strategia che esploreremo è progettata per aiutarti a superare le difficoltà comuni e trasformare questa sfida in un punto di forza.

Perché è importante ricordare i nomi

Ricordare un nome è un atto di gentilezza e

rispetto. Mostra che tieni all'altra persona e che la consideri importante. Inoltre, ricordare i nomi può influire positivamente su diversi aspetti della tua vita:

1. **Professionale:** In ambito lavorativo, ricordare i nomi dei colleghi, dei clienti o dei collaboratori rafforza il tuo network e migliora la comunicazione.
2. **Sociale:** Nelle relazioni personali, ricordare un nome costruisce un legame più profondo e duraturo.
3. **Autostima:** Ogni volta che ricordi con successo un nome, rafforzi la tua fiducia nelle tue capacità cognitive.

Gli ostacoli più comuni

Prima di esplorare le strategie, è importante riconoscere le difficoltà che ci impediscono di ricordare i nomi:

- **Disattenzione:** Spesso, quando incontriamo qualcuno, siamo troppo concentrati su noi stessi o su cosa dire dopo per ascoltare attentamente.
- **Sovraccarico di informazioni:** Durante eventi o incontri con molte persone, il nostro cervello fatica a gestire tutte le nuove informazioni.

- **Mancanza di pratica:** Come ogni altra abilità, ricordare i nomi richiede esercizio e intenzionalità.

Strategie pratiche per ricordare i nomi

1. Ascolta attentamente

Quando incontri qualcuno per la prima volta, concentrati intenzionalmente sul suo nome. Fai uno sforzo consapevole per ascoltarlo senza distrazioni. Può sembrare banale, ma il primo passo è semplicemente prestare attenzione.

2. Ripeti il nome subito

Dopo aver sentito il nome, ripetilo nella conversazione. Ad esempio: "Piacere di conoscerti, Marco." Questo aiuta a fissare il nome nella memoria a breve termine.

3. Crea un'associazione visiva

Il nostro cervello è particolarmente bravo a ricordare immagini. Associa il nome a un'immagine mentale o a una caratteristica fisica della persona. Ad esempio, se il nome è "Chiara", potresti immaginare una luce brillante (chiara).

4. Usa la tecnica della ripetizione spaziata

Ripeti il nome durante l'interazione, ma anche successivamente. Ad esempio:

- All'inizio della conversazione: "Marco, di cosa ti occupi?"
- Alla fine: "È stato un piacere parlare con te, Marco."

Questa ripetizione rinforza il ricordo.

5. Collega il nome a un contesto

Cerca di legare il nome a un dettaglio personale o al contesto in cui hai incontrato la persona. Ad esempio, "Giulia, l'ho conosciuta alla conferenza di marketing."

6. Scrivi il nome

Se appropriato, annota il nome subito dopo l'incontro. Scrivere aiuta a consolidare il ricordo.

7. Chiedi conferma senza timore

Se dimentichi il nome, chiedi con cortesia. Dire "Mi dispiace, puoi ricordarmi il tuo nome?" è meglio che fingere di ricordarlo. La sincerità è sempre apprezzata.

Esercizi per allenare la memoria dei nomi

Esercizio 1: Il gioco delle associazioni

Quando conosci qualcuno, prova a creare un collegamento rapido tra il suo nome e un oggetto, un luogo o una caratteristica. Ad esempio, per un "Luca", puoi immaginare un lupo.

Esercizio 2: Ripassa i nomi delle persone che incontri

Alla fine della giornata, dedica qualche minuto a ripensare ai nomi delle persone che hai conosciuto. Cerca di ricordare il loro viso, la conversazione e il contesto.

Esercizio 3: Pratica con liste di nomi

Scrivi una lista di nomi comuni e prova ad associare ognuno a un'immagine o a una caratteristica. Questo esercizio migliora la tua capacità di creare connessioni rapide.

Esercizio 4: App per l'allenamento della memoria

Esistono applicazioni e giochi progettati per potenziare la memoria tramite esercizi mirati. Sfrutta la tecnologia per allenarti in modo divertente e stimolante.

Costruire l'abitudine

Ricordare i nomi non è solo una questione di tecnica, ma anche di mentalità e abitudine. Ecco alcuni suggerimenti per incorporare questa abilità nella tua vita quotidiana:

1. **Sii curioso:** Considera ogni nuovo incontro come un'opportunità per imparare qualcosa di nuovo.
2. **Pratica la mindfulness:** Essere presenti nel momento ti aiuta a concentrarti meglio sui dettagli, incluso il nome della persona.
3. **Rendi divertente l'esercizio:** Sfida te stesso a ricordare il maggior numero di nomi possibile durante un evento sociale.

Ricordare i nomi è una competenza che può essere appresa e affinata con impegno e pratica. Non riguarda solo la memoria, ma anche la creazione di connessioni genuine e significative. Ogni volta che ti alleni, non solo migliori la tua capacità di ricordare, ma rafforzi anche la tua abilità di relazionarti con gli altri.

Quindi, la prossima volta che incontri qualcuno, prendi un momento per ascoltare, ripetere e associare il suo nome. Con il tempo, questa pratica diventerà naturale, e scoprirai quanto può arricchire la tua vita.

CAPITOLO 10: COME RICORDARE I VOLTI

Ti è mai capitato di incontrare una persona, stringerle la mano, e poco dopo renderti conto di non ricordare più il suo volto? Oppure di provare imbarazzo perché qualcuno ti saluta con entusiasmo, ma tu non riesci a collocarlo? Ricordare i volti è una capacità fondamentale nelle relazioni umane, ed è una competenza che possiamo allenare. In questo capitolo ti guiderò attraverso strategie efficaci per sviluppare questa abilità, che non solo migliorerà la tua memoria, ma anche il tuo carisma e la tua capacità di creare connessioni autentiche.

Perché dimentichiamo i volti?

Prima di tutto, è importante comprendere le ragioni dietro questa difficoltà. Dimenticare un volto non è segno di scarsa intelligenza o mancanza di attenzione, ma spesso di una mancata codifica adeguata del ricordo. Quando incontriamo qualcuno, il nostro cervello è spesso distratto da altri dettagli: il contesto, la conversazione, o la nostra stessa ansia sociale. In altre parole, non prestiamo abbastanza attenzione ai tratti unici del volto della persona.

La buona notizia è che la memoria visiva può essere migliorata con esercizio e consapevolezza. Vediamo come.

1. Presta attenzione consapevole

Il primo passo per ricordare un volto è osservarlo davvero. Sembra banale, ma quante volte ci soffermiamo sui dettagli di un viso? Quando incontri qualcuno, prova a notare gli elementi distintivi del suo volto:

- Ha sopracciglia spesse o sottili?
- Il suo sorriso è asimmetrico?
- Ha segni particolari, come una fossetta o una cicatrice?

Rendi l'osservazione un esercizio attivo. Un trucco utile è immaginare di dover descrivere quella persona a qualcun altro subito dopo l'incontro. Questa pratica aumenta la tua attenzione e facilita la codifica del ricordo.

2. Associa il volto a un'informazione personale

Il cervello ricorda meglio le informazioni quando sono connesse a un contesto o a un'emozione. Dopo aver osservato attentamente un volto, prova ad associarlo a un dettaglio personale. Ad esempio:

- "Marco ha un viso affabile, e lavora come insegnante."
- "Giulia ha capelli ricci e un sorriso contagioso, e mi ha raccontato del suo viaggio in India."

Creare queste associazioni personali rafforza il legame tra il volto e la memoria.

3. Utilizza la tecnica del "Palazzo della Memoria"

Una tecnica antica, ma estremamente efficace, è il Palazzo della Memoria. Immagina un luogo familiare, come la tua casa, e assegna a ogni stanza il volto di una persona che vuoi ricordare. Ad esempio, puoi immaginare che Andrea sia seduto sul divano del salotto o che Francesca stia preparando un caffè in cucina. Questa tecnica sfrutta la tua memoria spaziale, che è molto potente, per aiutarti a richiamare i volti con facilità.

4. Riconosci le emozioni legate al volto

I volti non sono semplici immagini statiche: portano con sé emozioni e storie. Quando interagisci con qualcuno, presta attenzione non solo ai tratti fisici, ma anche all'espressione emotiva. Le persone che ricordiamo meglio sono spesso quelle che ci hanno fatto provare un'emozione forte, che sia gioia, curiosità o anche disagio. Chiediti: "Che emozione mi ha trasmesso questa persona?". Integrare le emozioni nel processo di memorizzazione rende i ricordi più vividi e duraturi.

5. Ripassa mentalmente i volti

Proprio come ripassiamo un argomento per un esame, possiamo ripassare i volti che incontriamo. A fine giornata, dedica qualche minuto a richiamare alla mente le persone che hai conosciuto. Visualizza il loro volto, ripeti mentalmente il loro nome e ricorda un dettaglio della conversazione. Quest'attività non solo potenzia la memoria, ma ti consente anche di aumentare la consapevolezza delle tue interazioni giornaliere.

6. Allenati con giochi e applicazioni

Esistono diverse applicazioni e giochi online progettati per migliorare la memoria visiva e la capacità di riconoscere i volti. Questi strumenti sono utili per allenare il cervello in modo divertente e interattivo. Ad esempio, puoi provare app che ti sfidano a ricordare i dettagli di un volto mostrato per pochi secondi.

7. Mantieni uno stile di vita sano

Non dobbiamo dimenticare che la nostra capacità di ricordare è strettamente legata alla salute del nostro cervello. Un sonno adeguato, una dieta bilanciata e una buona gestione dello stress sono essenziali per mantenere una memoria efficiente. La carenza di sonno o un livello elevato di stress possono compromettere significativamente la nostra capacità di memorizzare e richiamare informazioni, inclusi i volti.

Ricordare i volti non è solo una questione di memoria, ma di empatia e connessione umana. Quando ti impegni a ricordare il volto di una persona, le stai dicendo: "Tu sei importante, e io ti vedo davvero". Questo gesto, seppur sottile, ha un impatto profondo nelle relazioni interpersonali.
Comincia da oggi ad applicare queste strategie. Ogni volto che ricordi è una porta aperta verso un rapporto più autentico e significativo. Ricorda: ogni passo che fai per migliorare la tua memoria è un passo verso la versione migliore di te stesso.

CAPITOLO 11: COME RICORDARE I LUOGHI

Nel nostro viaggio quotidiano, i luoghi che frequentiamo – dalla casa al lavoro, dai negozi alla scuola – giocano un ruolo fondamentale nel plasmare la nostra memoria. Ma quante volte ci capita di entrare in un posto e dimenticare cosa ci aveva portato lì? Oppure di non riuscire a ricordare un percorso che avevamo fatto migliaia di volte? Questo capitolo è dedicato a migliorare la nostra capacità di memorizzare luoghi e spazi, utilizzando strategie pratiche che ti permetteranno di orientarti con maggiore sicurezza nella tua vita quotidiana.

1. Il Potere degli Spazi nella Memoria

Molte persone non si rendono conto di quanto i luoghi siano legati ai ricordi e alla nostra capacità di apprendere. I luoghi non sono solo ambienti fisici, ma veri e propri "trigger" per i ricordi. Quando un luogo è significativo o frequente nella nostra vita, diventa un "anello di congiunzione" tra i nostri pensieri, emozioni e esperienze. Immagina di entrare in una stanza e subito ricordare un evento che vi è accaduto, anche se era passato molto tempo. Questi collegamenti tra spazio e memoria sono alla base del cosiddetto "Metodo dei Loci", una delle tecniche mnemoniche più potenti che esistano.

2. Il Metodo dei Loci: Viaggio nei Luoghi della Memoria

Il "Metodo dei Loci" si basa su un principio antico: associamo le informazioni che vogliamo ricordare a luoghi o spazi familiari. La tua casa, il percorso verso il lavoro, la tua città o qualsiasi altro luogo che conosci bene può diventare il palcoscenico ideale per creare "mappe mentali" che ti aiuteranno a ricordare con maggiore facilità.

Ecco come funziona:

1. **Scegli un luogo familiare:** Inizia con un luogo che conosci molto bene, come la tua casa. Immagina di entrare dalla porta principale e di percorrere ogni stanza.
2. **Assegna le informazioni ai luoghi:** Ora, associa le informazioni che vuoi ricordare a specifiche aree o oggetti nel luogo scelto. Ad esempio, se devi ricordare una lista di spesa,

potresti pensare al pane nella cucina, ai pomodori sul tavolo del soggiorno e al latte nel frigorifero.

3. **Visualizza il percorso:** Ogni volta che dovrai recuperare le informazioni, percorrerai mentalmente quel luogo, visitando ogni stanza e rievocando l'oggetto o l'azione associata ad essa.

L'efficacia di questa tecnica risiede nella sua capacità di sfruttare la forza delle immagini visive e spaziali, elementi che il nostro cervello elabora naturalmente con molta più facilità rispetto ad altre informazioni astratte.

3. Creare Mappe Mentali dei Luoghi

Oltre al Metodo dei Loci, un altro strumento molto potente per memorizzare i luoghi è la creazione di mappe mentali. Questa tecnica ti permette di visualizzare un luogo, come una strada o un edificio, e di costruire una rappresentazione mentale dettagliata di esso. Quando memorizzi un percorso o un luogo, immagina di "scansionarlo" con la tua mente, esaminando ogni dettaglio: ogni angolo, ogni via laterale, ogni negozio o punto di riferimento.

Puoi esercitarti disegnando la mappa mentale di un posto che frequenti regolarmente, come il tuo ufficio o la tua città. Una volta che hai costruito questa mappa mentale, puoi usarla per orientarti meglio e ricordare con maggiore facilità non solo i luoghi, ma anche le informazioni o le persone ad essi legate.

4. Allenare l'Occhio e la Mente a Percepire i Dettagli

La chiave per ricordare i luoghi sta anche nell'allenare la tua mente a notare dettagli che spesso ci sfuggono. Quando entri in un nuovo luogo, fermati per un momento e cerca di osservare attentamente ciò che ti circonda: i colori, i suoni, gli odori, la disposizione degli oggetti. Più dettagli sarai in grado di immagazzinare, più facile sarà ricordare quel luogo in futuro.

Inoltre, sviluppa l'abitudine di creare associazioni tra i luoghi che visiti e le emozioni che provi. Se, ad esempio, un determinato negozio ti fa sentire rilassato e soddisfatto, prova a ricordare quel luogo con immagini positive. La mente è particolarmente abile nel ricordare luoghi che suscitano emozioni forti, siano esse positive o negative.

5. Utilizzare la Tecnologia per Memorizzare i Luoghi

Oggi viviamo in un'era digitale in cui possiamo utilizzare la tecnologia per aiutarci a ricordare i luoghi. Applicazioni come Google Maps non solo ci aiutano a trovare la strada, ma possono anche essere uno strumento efficace per memorizzare percorsi. Puoi anche usare foto e video per documentare i luoghi e associare quei media alle informazioni che vuoi ricordare. Creando un archivio visivo, la tua memoria spaziale diventerà ancora più potente, e potrai ripercorrere mentalmente questi luoghi con maggiore chiarezza.

6. Superare le Difficoltà: Se la Memoria Spaziale ti Sfida

Non sempre sarà facile memorizzare luoghi, soprattutto se non li visiti frequentemente o se sono nuovi per te. Se ti trovi in difficoltà, non preoccuparti. Ogni sfida è un'opportunità di crescita. Se un luogo ti sembra difficile da ricordare, prova a ridurlo a piccoli pezzi: concentrati su uno specifico dettaglio o su un'immagine che puoi associare a quel luogo. Piano piano, aggiungerai altri dettagli alla tua memoria spaziale, come se stessi costruendo un puzzle.

A volte può essere utile anche associare una storia a quel luogo. Ad esempio, se devi ricordare un quartiere che visiti solo raramente, puoi immaginare di intraprendere una piccola avventura in quel posto, creando una narrativa che renda quel luogo più familiare e facilmente accessibile alla tua memoria.

7. Le Immagini Sono la Chiave

Ricorda che la memoria spaziale è strettamente legata alle immagini visive. Immagina ogni luogo come una serie di immagini vivide e colorate, che puoi facilmente richiamare quando ne hai bisogno. Più l'immagine è ricca di dettagli sensoriali, più sarà facile ricordarla.

Non dimenticare che allenare la tua memoria spaziale è come allenare un muscolo. Più ti eserciti, più diventerà naturale. E, proprio come con qualsiasi altra abilità, vedrai progressi significativi nel tempo. Ogni passo che fai, ogni nuovo luogo che memorizzi, rafforza la tua capacità di orientarti e di ricordare.

Ora che hai gli strumenti per allenare la tua memoria dei luoghi, ti invito a intraprendere questo viaggio con curiosità e determinazione. Ogni luogo che visiti, ogni dettaglio che catturi con la tua mente, è un'opportunità di crescita. Se affronti ogni luogo con consapevolezza e impegno, vedrai non solo migliorare la tua memoria spaziale, ma anche rafforzare la tua capacità di vivere in modo più presente e consapevole.
Ricorda che la memoria dei luoghi non è solo una questione di geografia, ma una parte essenziale del tuo percorso di crescita personale. Ogni luogo che riesci a ricordare diventa una tappa del tuo cammino verso una mente più agile, attenta e in grado di affrontare con successo le sfide quotidiane. Abbraccia questa pratica e scopri quanto è potente il legame tra la tua mente e lo spazio che ti circonda.

CAPITOLO 12: COME RICORDARE I NUMERI

I numeri sono ovunque nella nostra vita: dal codice PIN della nostra carta di credito al numero di telefono di un amico, dai dati di un report alle statistiche aziendali. Eppure, per molti, memorizzare numeri può sembrare una delle sfide più difficili. La nostra mente, infatti, non è naturalmente predisposta a ricordare sequenze numeriche in modo immediato e duraturo. Eppure, con gli strumenti giusti, è possibile allenare la mente a trattare i numeri con la stessa facilità con cui ricordiamo volti, nomi o luoghi.

Questo capitolo ti guiderà attraverso tecniche pratiche e potenti per ricordare numeri in modo efficace, rendendo questi strumenti un alleato per migliorare la tua memoria e, di conseguenza, la tua produttività. Non si tratta di memorizzare passivamente, ma di trasformare il modo in cui interagiamo con i numeri, creando connessioni significative e pratiche.

1. Per quale Motivo i Numeri sono Complicati da Memorizzare?

Prima di tutto, è importante capire perché i numeri rappresentano una sfida. A differenza di parole o immagini, che sono concrete e facilmente visualizzabili, i numeri sono astratti. La nostra mente fatica a creare associazioni immediate con sequenze numeriche, perché non hanno un significato intrinseco. Quando vediamo un numero, ad esempio, una lunga sequenza di cifre come 8675309, la nostra mente spesso non riesce a collegarlo a qualcosa di concreto che possiamo ricordare facilmente. È una sequenza vuota, senza senso, che non stimola il nostro cervello in modo efficace.

2. Trasformare i Numeri in Immagini: Il Sistema del Codice Fonetico

Una delle tecniche più potenti per memorizzare numeri è quella di convertirli in immagini. La chiave per farlo risiede nel sistema del *Codice Fonetico*, una tecnica che trasforma i numeri in consonanti, che a loro volta possono essere trasformate in parole o immagini.

Ad esempio, il sistema del Codice Fonetico associa le seguenti consonanti ai numeri:

- 1 = t, d
- 2 = n

- 3 = m
- 4 = r
- 5 = l
- 6 = j, sh
- 7 = k, ch
- 8 = f, v
- 9 = p, b
- 0 = s, z

A questo punto, puoi combinare queste consonanti in parole e immagini. Prendiamo un numero come 437: usando il sistema del Codice Fonetico, possiamo associare il numero 4 a "r" (per esempio, la lettera R), il numero 3 a "m" (per esempio, una *montagna*), e il 7 a "k" (un *cane*). Quindi, 437 diventa la parola "Ristorante Montagna Cane", che puoi immaginare in modo vivido e concreto, e che ti aiuterà a ricordare il numero.

Il Codice Fonetico trasforma numeri astratti in storie visive, che sono molto più facili da memorizzare. La memoria umana è incredibilmente potente quando si tratta di immagini e narrazioni, quindi creando storie significative o immagini vivide, aumenti notevolmente la tua capacità di memorizzare numeri.

3. La Tecnica delle Associazioni: Fare Connessioni Personali

Un altro approccio utile è quello di associare i numeri a esperienze personali, persone o eventi che hanno un significato speciale per te. Questa tecnica sfrutta la tua memoria emozionale, che è più potente e duratura della memoria razionale. Quando un numero è legato a una persona o un'esperienza che ti è cara, la tua mente avrà una connessione naturale che ti aiuterà a ricordarlo.

Prendiamo, ad esempio, il tuo numero di telefono. Piuttosto che cercare di memorizzarlo come una sequenza casuale di numeri, prova a pensare ai numeri come a piccole tappe significative della tua vita. Il primo numero potrebbe essere associato alla data di nascita di un caro amico, il secondo potrebbe ricordarti il giorno in cui hai fatto una scoperta importante, e così via. Trasforma ogni numero in una storia o in un significato che ti tocca emotivamente.

Quando applicherai questa tecnica ai numeri che devi ricordare – un codice segreto, una sequenza di statistiche, un dato importante – noterai che il numero non è più solo una sequenza di cifre. È un riflesso delle tue esperienze personali, qualcosa che può essere evocato con facilità.

4. Memorizzare Numeri attraverso il Metodo della Storia

Un'altra tecnica efficace è quella di creare storie complete usando i numeri che devi ricordare. Puoi farlo combinando il sistema del Codice Fonetico con il metodo delle storie. Immagina di dover memorizzare il numero 1950. Usando il Codice Fonetico, 1 potrebbe diventare "t" o "d", 9 potrebbe diventare "p" o "b", e 5 potrebbe essere "l". Quindi, la sequenza 1950 potrebbe diventare "Domenico Palla Lunga", e tu potresti creare una storia intorno a questa immagine: "Domenico, un ragazzo alto e robusto, aveva una lunga palla che rotolava lungo il campo."

Una volta che questa storia diventa viva nella tua mente, il numero 1950 non sarà più solo una sequenza di cifre, ma una trama concreta, memorabile e vivida. Le storie sono potenti strumenti mnemonici, perché tendiamo a ricordarle meglio rispetto a semplici numeri.

5. La Ripetizione Spaziata: Consolidare i Numeri nella Memoria

La ripetizione è una delle tecniche fondamentali per consolidare qualsiasi informazione nella memoria a lungo termine. Quando si tratta di numeri, l'applicazione della *ripetizione spaziata* è particolarmente utile. Questo metodo prevede di ripetere i numeri a intervalli crescenti per rafforzare il loro impatto sulla memoria.

Ad esempio, se hai appena imparato un numero utilizzando il Codice Fonetico o una tecnica di associazione, ripeti il numero una volta dopo un minuto, poi dopo cinque minuti, poi dopo un'ora, e infine il giorno dopo. Ogni volta che ripeti il numero, la tua mente rafforza il legame con la sequenza, aiutandoti a ricordarla in modo duraturo.

6. Applicazioni Pratiche: Usare i Numeri Nella Vita Quotidiana

Ora che conosci le tecniche per ricordare i numeri, è il momento di metterle in pratica. Una delle chiavi per il successo nel miglioramento della memoria è l'applicazione costante. Inizia a utilizzare queste tecniche nei contesti quotidiani. Ogni volta che ti trovi ad affrontare un numero – che si tratti di una password, di un numero di telefono, di una data importante o di una statistica – sfida te stesso a memorizzarlo utilizzando uno dei metodi che ti ho suggerito. Vedrai che, con la pratica, memorizzare numeri diventerà sempre più facile e naturale.

7. L'Importanza della Consapevolezza: Allenare la Mente

Infine, non dimenticare che la memoria è un muscolo che va allenato. La consapevolezza è la chiave per rendere efficace ogni tecnica di memorizzazione. Quando ti trovi di fronte a un numero, fermati e prendi un momento per visualizzarlo, associarlo a un'immagine o una storia, e ripeterlo. Con il tempo, non solo riuscirai a memorizzare numeri con maggiore facilità, ma svilupperai anche una capacità di concentrazione che ti aiuterà in tutti gli aspetti della vita quotidiana.

Memorizzare numeri non è solo una questione di tecnica, ma di allenamento e consapevolezza. Ogni numero è un'opportunità per esercitare la tua mente, rendendo il processo di memorizzazione più interessante e stimolante. Non solo migliorerai la tua capacità di ricordare numeri, ma vedrai anche crescere la tua autostima e la tua produttività. La memorizzazione dei numeri è un potente strumento per migliorare la tua vita, una piccola vittoria alla volta.

CAPITOLO 13: COME RICORDARE I FATTI

Memorizzare i fatti è una delle capacità più potenti che possiamo affinare. Se stai leggendo questo capitolo, è probabile che tu voglia migliorare la tua capacità di memorizzare informazioni in modo preciso, rapido e duraturo. I fatti sono dappertutto nella nostra vita: dai dati storici alle informazioni tecniche, dai concetti accademici alle statistiche aziendali. Eppure, per molti, mantenere viva questa memoria di dettagli specifici può sembrare una sfida. Ma non è necessario affannarsi per cercare di ricordare tutto. La chiave è comprendere come trasformare i fatti in qualcosa di significativo e facilmente accessibile.

In questo capitolo, esplorerai non solo le tecniche pratiche per ricordare i fatti, ma anche come adottare un approccio che stimoli il tuo cervello a creare connessioni durature, potenziando così la tua memoria e la tua produttività. Ogni fatto che impari è un'opportunità per migliorare te stesso, per arricchire la tua vita e per diventare più efficace nelle tue attività quotidiane. Ti guiderò attraverso un percorso di consapevolezza e pratica, in modo che tu possa affrontare ogni fatto come una piccola vittoria verso il miglioramento.

1. Comprendere la Memoria dei Fatti: Il Perché e il Come

La memoria dei fatti non riguarda solo l'immagazzinamento passivo di informazioni, ma piuttosto l'abilità di organizzarle in modo tale da poterle richiamare facilmente quando ne hai bisogno. I fatti da soli non sono molto utili se non li possiamo contestualizzare. Ad esempio, potresti ricordare che la battaglia di Waterloo è avvenuta nel 1815, ma senza un quadro di riferimento, questo fatto rimarrà un dato astratto, che faticherai a richiamare con precisione.

Per memorizzare un fatto, il nostro cervello deve costruire una rete di connessioni. Queste connessioni sono fondamentali, perché il cervello non memorizza semplicemente ciò che vediamo o ascoltiamo, ma collega queste informazioni a qualcosa di più grande. L'importanza di un fatto aumenta quando possiamo associarlo a emozioni, esperienze personali o concetti già conosciuti. In altre parole, non devi solo "imparare" i fatti, ma "costruire" la loro memoria nella tua mente.

2. Utilizzare il Metodo delle Storie: Creare Narrazioni Memorabili

Uno degli strumenti più efficaci per ricordare i fatti è trasformarli in storie. Le storie sono incredibilmente potenti nella memorizzazione, perché tendiamo a ricordarle con facilità. Se riuscirai a integrare i fatti che vuoi ricordare in una narrazione, il cervello avrà una struttura in cui collocare le informazioni, rendendole molto più facili da ricordare.

Ad esempio, se devi ricordare una data storica, come il 1492, il metodo migliore non è ripetere semplicemente "1492, scoperta dell'America", ma costruire una piccola storia che ti aiuti a visualizzare la scena. Immagina Cristoforo Colombo su una nave, che guarda verso l'orizzonte, pronto a scoprire nuovi mondi. Puoi aggiungere dettagli vividi come le onde che si infrangono contro la nave o il suono delle vele gonfie di vento. Ogni volta che pensi a quel dato, la storia che hai creato ti riporterà al fatto, rendendolo molto più facile da ricordare.

3. Associare i Fatti a Immagini Vividamente Visualizzabili

Le immagini sono uno degli strumenti mnemonici più potenti che puoi usare per ricordare i fatti. Quando associ un fatto a un'immagine visiva, il tuo cervello è in grado di immagazzinarlo in modo molto più efficace rispetto a una semplice sequenza di parole.

Ad esempio, supponiamo che tu voglia ricordare una statistica importante per il tuo lavoro. Se il dato riguarda la crescita del 30% nelle vendite, puoi visualizzare un grafico con una freccia che sale, o immaginare una pila di monete che cresce. Ogni volta che vedrai questa immagine, il dato sarà automaticamente richiamato nella tua mente. È importante che l'immagine sia vivida e chiara, perché più l'immagine è coinvolgente, più sarà facile da ricordare.

4. Il Metodo delle Associazioni: Legare Fatti a Concetti Conosciuti

Un altro modo potente per ricordare i fatti è collegarli a concetti che già conosci. Questo approccio sfrutta una delle potenzialità più grandi della memoria: il nostro cervello è progettato per fare connessioni. Quando impari qualcosa di nuovo, puoi rafforzare la memoria associandola a un concetto già consolidato nella tua mente.

Ad esempio, supponiamo che tu stia cercando di memorizzare il fatto che Albert Einstein ha sviluppato la teoria della relatività nel 1905. Potresti associare quest'informazione con il concetto di "scoperta scientifica" che già conosci. L'immagine di un laboratorio, o di un esperimento che hai visto in un film, ti aiuterà a richiamare facilmente quel dato. Le connessioni che costruisci tra i nuovi fatti e quelli già noti ti permetteranno di memorizzarli con maggiore facilità e velocità.

5. La Ripetizione Spaziata: Consolidare i Fatti nella Memoria

Una delle tecniche più efficaci per ricordare i fatti nel lungo periodo è la *ripetizione spaziata*. Questo approccio si fonda sul concetto che il nostro cervello trattiene meglio le informazioni quando le ripetiamo a intervalli sempre più ampi. Più ripeti un fatto in momenti diversi, più sarà solido il suo impatto nella memoria.

Ad esempio, se oggi stai cercando di memorizzare un fatto importante, ripetilo dopo 10 minuti, poi dopo un'ora, poi il giorno successivo, e così via. Questo processo aiuta il cervello a consolidare l'informazione, trasformandola da memoria a breve termine a memoria a lungo termine. Utilizzare un'app di ripetizione spaziata può essere un modo comodo per tenere traccia dei fatti che stai cercando di ricordare.

6. Memorizzare i Fatti con il Metodo dei Loci

Un altro metodo potente per ricordare i fatti è il *Metodo dei Loci*, una tecnica che risale all'antica Grecia. Questo metodo consiste nel visualizzare un luogo familiare e immaginare di collocarvi all'interno gli elementi da ricordare. Ogni fatto che desideri memorizzare viene associato a una parte specifica di questo luogo, come una stanza o un oggetto.

Immagina, per esempio, di dover ricordare una serie di fatti storici. Puoi camminare mentalmente attraverso la tua casa, immaginando di collocare ogni dato in una stanza diversa. Quando avrai bisogno di richiamare i fatti, ti basterà "camminare" nel tuo percorso mentale e visualizzare gli oggetti o i luoghi in cui hai "riposto" quelle informazioni.

7. L'Importanza della Connessione Emotiva

Ricorda che, per memorizzare un fatto in modo efficace, è essenziale stabilire una connessione emotiva. Le emozioni rafforzano la memoria, perché siamo naturalmente più predisposti a ricordare ciò che ci tocca a livello emotivo. Ogni volta che impari un fatto, prova a riflettere su come ti fa sentire. Ti entusiasma? Ti incuriosisce? Ti sorprende? Più il fatto stimola una risposta emotiva, più facilmente rimarrà impresso nella tua memoria.

8. Applicazioni Pratiche: Usare i Fatti nella Vita Quotidiana

Ora che hai imparato alcune tecniche per ricordare i fatti, il passo successivo è applicarle nella tua vita quotidiana. Non aspettare di dover memorizzare un'informazione importante per metterle in pratica. Ogni giorno, cerca di memorizzare qualche fatto nuovo, che sia un dato interessante, un'informazione utile o una curiosità. Allenati costantemente, e vedrai che, con il tempo, memorizzare fatti diventerà naturale e immediato.

Memorizzare fatti è un'abilità che può arricchire ogni aspetto della tua vita, dalla carriera agli studi, dalle conversazioni quotidiane alle tue passioni. Ogni fatto che ricordi diventa una risorsa, un tassello che contribuisce al tuo successo. Ogni volta che memorizzi qualcosa, fai un passo verso la tua crescita personale, creando una mente più agile, più affilata, più consapevole. Con le tecniche giuste, puoi trasformare ogni fatto in una chiave che apre nuove opportunità e possibilità nella tua vita.

CAPITOLO 14: COMPRESSIONE DELLE INFORMAZIONI

In un mondo che corre sempre più veloce, dove siamo sommersi da una miriade di dati ogni giorno, la capacità di *compressione delle informazioni* diventa un'abilità essenziale. Questa capacità non solo ti permette di comprendere e assimilare più rapidamente ciò che impari, ma ti consente anche di gestire meglio il flusso di informazioni nella tua mente, aumentando la tua produttività e migliorando la tua memoria a lungo termine. Se ti senti sopraffatto dal volume di informazioni che devi affrontare quotidianamente, sappi che non sei solo. Tuttavia, la soluzione non è fuggire dal caos informativo, ma imparare a gestirlo e a sintetizzarlo in modo che risulti utile e facilmente memorizzabile.

La compressione delle informazioni è il processo di ridurre un insieme di dati complessi in una forma più semplice, chiara e facilmente accessibile. È un po' come fare ordine in una stanza disordinata: riorganizzare gli oggetti in modo che siano più facili da trovare e usare. In questo capitolo, ti guiderò attraverso diverse tecniche e approcci che ti permetteranno di comprimere le informazioni in modo efficace, trasformandole da una massa caotica in un insieme di concetti chiari e ben organizzati, pronti per essere utilizzati.

1. L'Arte della Sintesi: Comprendere prima di Comprare

La compressione delle informazioni parte da un principio fondamentale: devi prima comprendere ciò che stai cercando di imparare prima di poterlo sintetizzare. Se non hai una chiara comprensione di ciò che stai leggendo o studiando, non riuscirai a raccogliere e condensare i punti chiave in un formato utile.

Immagina di dover imparare un nuovo concetto in una disciplina complessa, come la fisica quantistica o la gestione aziendale. Prima di cercare di semplificarlo, è cruciale che tu comprenda i concetti di base. Quando studi un argomento, chiediti: *Qual è il cuore di questa informazione? Che messaggio principale voglio ricordare?*

Se non riesci a rispondere a queste domande, prova a fare una pausa e rivedere i concetti. La comprensione chiara ti fornirà la base per trasformare le informazioni complesse in qualcosa di semplice e accessibile. Questo processo di "decodifica" ti aiuterà a rimuovere ciò che è superfluo e ti permetterà di focalizzarti sugli elementi fondamentali.

2. Tecniche di Mappatura Mentale: Organizzare la Conoscenza

Una delle tecniche più potenti per comprimere le informazioni è la *mappatura mentale*. Si tratta di un approccio visivo che ti permette di prendere le informazioni e organizzarle in modo gerarchico e intuitivo, facilitando la comprensione e la memorizzazione.

Prendi un foglio di carta o un'app di mappe mentali sul tuo dispositivo e inizia a scrivere il concetto principale al centro. Da lì, sviluppa rami con le informazioni correlate, evidenziando le relazioni tra i concetti. Ogni ramo rappresenta un aspetto distinto, ma tutti sono collegati tra loro in un modo che ti consente di visualizzare l'intero quadro. Non limitarti a semplici elenchi, ma cerca di creare una struttura che ti aiuti a comprendere il flusso e la connessione tra le idee.

La mappatura mentale ti permette di comprimere e riorganizzare le informazioni, liberandole dal loro formato lineare e trasformandole in una rete di concetti che puoi facilmente esplorare e richiamare.

3. La Tecnica del Chunking: Suddividere per Ricordare

Un altro approccio potente per comprimere le informazioni è la tecnica del *chunking*. Questo approccio prevede di suddividere grandi quantità di informazioni in blocchi più piccoli e facili da gestire. Il cervello umano ha una capacità limitata di elaborare informazioni alla volta, quindi suddividere i dati in "blocchi" più piccoli ti permette di assimilare e memorizzare meglio i dettagli.

Ad esempio, quando devi memorizzare una lunga sequenza di numeri, come un numero di telefono o un codice, puoi suddividerlo in gruppi di tre o quattro numeri. Così facendo, il cervello riesce a gestire e ricordare questi piccoli gruppi molto più facilmente rispetto a un numero lungo e continuo.

Nel contesto dell'apprendimento, applica il *chunking* per ridurre un concetto complesso a un numero di "chunks" fondamentali che contengano le informazioni essenziali. Ad esempio, quando leggi un libro su un argomento tecnico, potresti suddividere i principali concetti in categorie: teorie principali, applicazioni pratiche, esempi, ecc. Ogni chunk rappresenterà una parte del quadro generale, che puoi facilmente recuperare.

4. Il Metodo delle 5W: Focalizzarsi su ciò che Conta

Il *metodo delle 5W* (Who, What, When, Where, Why – Chi, Cosa, Quando, Dove, Perché) è un modo eccellente per comprimere le informazioni, rendendo più facili da memorizzare i fatti cruciali di una storia, un evento o una teoria. È come ridurre una storia complessa ai suoi aspetti fondamentali, semplificandola senza perdere il suo significato.

Quando apprendi un nuovo concetto o fatto, chiediti sempre:

- *Chi* è coinvolto?
- *Cosa* sta accadendo?
- *Quando* è accaduto?
- *Dove* è avvenuto?
- *Perché* è rilevante?

Rispondere a queste cinque domande ti aiuterà a ridurre una grande quantità di informazioni a un numero ristretto di risposte fondamentali. In questo modo, avrai compresso un'intera storia o un concetto in un formato facile da ricordare e ricostruire. Ogni volta che hai bisogno di richiamare l'informazione, potrai semplicemente pensare a queste domande chiave, permettendoti di evocare rapidamente i dettagli essenziali.

5. La Lezione della Ripetizione e della Revisione

Anche quando comprimi un'informazione, c'è sempre bisogno di un passaggio finale: la *ripetizione e la revisione*. La compressione delle informazioni non serve a nulla se non viene consolidata nella memoria a lungo termine. La ripetizione spaziata è uno degli strumenti più efficaci per fare in modo che ciò che hai compresso rimanga nella tua mente.

Dopo aver sintetizzato un argomento o un fatto, fai delle revisioni periodiche. Quando ripassi, non limitarti a leggere passivamente, ma cerca di richiamare attivamente la conoscenza che hai compresso. La ripetizione a intervalli sempre più lunghi aiuterà il tuo cervello a trasferire quella conoscenza dalla memoria a breve termine alla memoria a lungo termine, rendendola davvero tua.

6. Comprimere per Aumentare la Produttività

Comprimere le informazioni non riguarda solo il miglioramento della memoria, ma anche l'aumento della produttività. Quando impari a comprimere efficacemente le informazioni, puoi ridurre il tempo che trascorri a cercare dati o a comprendere concetti complessi. Questo ti consente di concentrare più tempo sulle attività che realmente fanno la differenza.

Per esempio, se lavori in un ambiente dove ricevi costantemente e-mail, impara a leggere e comprimere il contenuto essenziale in pochi secondi, riducendo la frustrazione e l'overload informativo. Ogni minuto risparmiato nella gestione delle informazioni è un minuto guadagnato in produttività.

La compressione delle informazioni è una delle abilità più potenti che tu possa sviluppare. Non si tratta solo di "semplificare", ma di *estrarre il massimo valore* dalle informazioni che incontri ogni giorno. Ogni fatto che impari, ogni concetto che apprendi, diventa più utile e facilmente accessibile se riesci a comprimerlo in un formato chiaro e gestibile. Questo processo ti permette

non solo di migliorare la tua memoria e la tua produttività, ma anche di aumentare la tua capacità di fare
connessioni e applicare ciò che impari. Inizia ad applicare queste tecniche, e vedrai che non solo la tua
memoria diventerà più forte, ma anche la tua capacità
di prendere decisioni rapide, efficaci e basate su informazioni solide crescerà notevolmente.

CAPITOLO 15: TECNICA DEL PALAZZO DELLA MEMORIA

Immagina di camminare attraverso un bellissimo palazzo, pieno di stanze spaziose, corridoi luminosi e oggetti che ti sono familiari. Ogni stanza ha un significato speciale, un ricordo, un oggetto che ti fa sentire al sicuro e che evoca un'emozione. Ora, immagina che in ciascuna di queste stanze ci siano informazioni importanti, dati, concetti, e ricordi che vuoi immagazzinare nella tua mente in modo sicuro e facilmente accessibile. Il *Palazzo della Memoria* è esattamente questo: una struttura mentale che ti aiuta a memorizzare informazioni in modo organizzato, potente ed efficace.

Questa tecnica affonda le sue radici nell'antica Grecia, dove oratori e filosofi la usavano per ricordare lunghi discorsi o dettagli complessi. È uno strumento incredibile per migliorare la tua memoria, perché sfrutta la tua capacità naturale di ricordare luoghi, spazi e immagini visive. Ogni volta che usi il Palazzo della Memoria, stai fondamentalmente creando una mappa mentale che collega ciò che vuoi ricordare a un luogo che conosci bene. Quella connessione visiva ti permette di evocare informazioni con straordinaria facilità.

Cos'è il Palazzo della Memoria?

Il Palazzo della Memoria, noto anche come "metodo dei loci", è una tecnica di memorizzazione che utilizza la visualizzazione spaziale. In pratica, ti aiuta a "archiviare" le informazioni all'interno di un luogo immaginario – il tuo "palazzo" – che costruisci mentalmente. Questo metodo si basa sulla capacità del nostro cervello di ricordare con maggiore facilità luoghi e immagini, rispetto a concetti astratti o numeri separati. Ogni stanza, corridoio o oggetto nel tuo palazzo rappresenterà un elemento da memorizzare. Più vivido e dettagliato sarà il tuo palazzo, più efficace sarà la memorizzazione.

Come costruire il tuo Palazzo della Memoria

1. Scegli un luogo familiare

Il primo passo per costruire il tuo Palazzo della Memoria è scegliere un luogo che conosci molto bene. Potrebbe essere la tua casa, l'ufficio, un percorso che fai ogni giorno, o anche un luogo immaginario, ma deve essere qualcosa che puoi visualizzare facilmente nella tua mente. Per esempio, potresti partire dalla porta di casa tua e, mentre percorri la casa, associare ogni stanza a una parte di ciò che desideri ricordare. Più familiare e dettagliato è il luogo, più facilmente riuscirai a immaginare ogni singolo angolo.

2. Identifica i "loci" (spazi o oggetti specifici)

Un palazzo non è fatto solo di stanze vuote, ma di oggetti, mobili e spazi distintivi. Ogni oggetto o punto di riferimento all'interno del tuo palazzo rappresenterà una parte delle informazioni che desideri memorizzare. Ad esempio, puoi associare il divano al primo concetto che vuoi ricordare, la libreria a un altro concetto, il tavolo della cucina a un altro ancora, e così via. L'idea è che ogni elemento visivo nel palazzo rappresenti un "locus" (un luogo) dove riporre un'informazione.

3. Visualizza in modo vivido e creativo

La chiave del successo nella tecnica del Palazzo della Memoria è la visualizzazione. Devi essere in grado di vedere chiaramente il tuo palazzo nella tua mente, e ogni volta che "passi" da una stanza all'altra, dovresti visualizzare con estrema chiarezza ogni oggetto e il collegamento con l'informazione che rappresenta. Se devi ricordare una lista di parole, per esempio, immagina di inserire ciascuna parola in un oggetto specifico. Se una parola è "gatto", immagina un grande gatto che salta sopra il divano. Se la parola è "mare", visualizza una grande onda che copre la libreria. Più le immagini saranno vivide, più sarà facile ricordare le informazioni.

4. Crea una sequenza logica e fluida

Quando costruisci il tuo palazzo, assicurati che ci sia una sequenza naturale. L'ordine delle stanze e degli oggetti dovrebbe seguire una logica che ti aiuti a spostarti senza sforzo dal punto A al punto B. Puoi percorrere mentalmente il tuo palazzo, come se stessi facendo un tour, seguendo un percorso che ti è familiare. L'uso di una sequenza logica ti permetterà di ripercorrere il percorso nella tua mente e di recuperare ogni informazione quando ne avrai bisogno.

5. Rafforza la memoria attraverso il movimento

Mentre ti alleni con il tuo palazzo, muoviti mentalmente attraverso gli spazi. Ad esempio, se devi ricordare un elenco di dieci parole, immagina di entrare nel tuo palazzo e di prendere un oggetto dalla prima stanza, uno dalla seconda, e così via. Ogni volta che visualizzi e interagisci con gli oggetti, la connessione con l'informazione diventa più forte. Inoltre, puoi associare anche emozioni o suoni agli oggetti, per rendere ancora più potente la memorizzazione. Ad esempio, immagina di sentire il rumore di una risata quando passi vicino al divano – il legame tra l'immagine e l'emozione renderà l'informazione ancora più vivida.

Come applicare il Palazzo della Memoria nella vita di tutti i giorni

Una volta che hai costruito e padroneggiato la tua tecnica del Palazzo della Memoria, puoi applicarla a una varietà di situazioni quotidiane. Qui ci sono alcuni esempi pratici:

- **Memorizzare discorsi o presentazioni:** Se devi tenere un discorso, immagina ogni parte del tuo discorso all'interno di stanze del tuo palazzo. Ogni sezione del discorso può essere associata a un oggetto specifico in una stanza. Man mano che percorri mentalmente il tuo palazzo, ti ricorderai di ciascun punto del tuo discorso.
- **Studiare per esami:** Se stai preparando un esame, usa il palazzo per memorizzare concetti, date, definizioni o formule. Ogni teoria può essere rappresentata da un oggetto distintivo che ne ricordi la natura.
- **Memorizzare informazioni quotidiane:** Se hai bisogno di ricordare appuntamenti, numeri di telefono, liste di cose da fare, puoi associare oggetti o luoghi familiari a ciascuna voce. Ad esempio, immagina di camminare in un parco e di trovare un albero che rappresenta il tuo incontro, una panchina che rappresenta il numero da chiamare, e così via.

- **Migliorare la creatività e la risoluzione
  dei problemi**: Puoi anche usare il tuo
  palazzo per esercitare la mente. Ogni volta
  che hai bisogno di un'idea creativa o stai
  cercando una soluzione, immagina il
  palazzo come un "contenitore" di idee.
  Scegli una stanza che rappresenti un
  problema e cerca un oggetto che ti aiuti a
  visualizzare la soluzione.

Superare le difficoltà iniziali

Potresti iniziare a usare il tuo palazzo e sentirti un po' confuso o sopraffatto. Non preoccuparti, è completamente normale. All'inizio, potrebbe sembrare difficile ricordare tutte le stanze o associare correttamente le informazioni agli oggetti. Ma come per ogni altra abilità, la pratica è essenziale. Più usi questa tecnica, più diventerai abile nel creare e percorrere il tuo palazzo.

All'inizio, non cercare di fare tutto in una volta. Inizia con pochi concetti e aggiungi gradualmente altri "loci" man mano che ti senti più sicuro. Sperimenta diverse tecniche di visualizzazione e scopri quale funziona meglio per te.

Il *Palazzo della Memoria* non è solo una tecnica di memorizzazione: è un viaggio di crescita personale. Ogni volta che costruisci o esplori un palazzo, stai sviluppando una maggiore consapevolezza della tua mente e delle tue capacità. Stai imparando a connetterti più profondamente con le informazioni, a vederle da una nuova prospettiva e a usarle in modo più efficiente. Con il tempo, questo metodo ti permetterà non solo di migliorare la tua memoria, ma anche di incrementare la tua concentrazione, la tua creatività e la tua produttività.

Impara a costruire il tuo palazzo oggi stesso e sfrutta la potenza della tua mente per memorizzare e utilizzare informazioni in modo efficace. Con il Palazzo della Memoria, ogni concetto diventerà parte di un mondo che puoi esplorare con facilità, un mondo in cui le informazioni non sono solo memorizzate, ma anche vissute e applicate con grande consapevolezza.

CAPITOLO 16: RIPETIZIONE DILAZIONATA

Immagina di voler imparare una nuova lingua, un concetto complesso o anche semplicemente una lista di cose da fare. All'inizio, le informazioni sono fresche nella tua mente, sembrano chiare, facili da ricordare. Ma con il passare del tempo, la tua memoria inizia a vacillare. Quel concetto che sembrava così vivido e accessibile diventa sempre più sfocato. La nostra mente ha una tendenza naturale a dimenticare le informazioni che non usiamo frequentemente o che non sono rafforzate nel tempo. E qui entra in gioco una delle tecniche più potenti per migliorare la memoria: la *Ripetizione Dilazionata.*

Questa tecnica non è solo un trucco mnemonico, ma un vero e proprio strumento di apprendimento che, se utilizzato correttamente, può trasformare il modo in cui memorizzi e interiorizzi qualsiasi tipo di informazione. La Ripetizione Dilazionata si basa su un principio semplice ma fondamentale: ripetere un'informazione a intervalli crescenti nel tempo migliora la probabilità che venga immagazzinata nella memoria a lungo termine.

Cos'è la Ripetizione Dilazionata?

La Ripetizione Dilazionata (RD) è una tecnica che consiste nel rivedere le informazioni che vogliamo memorizzare a intervalli sempre più distanziati. In altre parole, piuttosto che rivedere le informazioni subito dopo averle apprese, come spesso accade con la lettura ripetuta, la Ripetizione Dilazionata prevede di lasciare passare un po' di tempo tra una ripetizione e l'altra. Questo processo si basa sul meccanismo con cui il cervello rafforza la memoria a lungo termine.

Inizialmente, rivedi le informazioni dopo un breve periodo (ad esempio, dopo un'ora o un giorno). Successivamente, il tempo tra una ripetizione e l'altra diventa sempre più lungo: un giorno, tre giorni, una settimana, un mese, e così via. Questo approccio aiuta a rinforzare le connessioni neurali, impedendo che le informazioni si dissolvano nel dimenticatoio.

Perché la Ripetizione Dilazionata è così potente?

La ripetizione dilazionata si basa su un principio psicologico fondamentale: la *curva dell'oblio* di Ebbinghaus. Secondo questo modello, subito dopo aver appreso qualcosa, la memoria inizia a diminuire rapidamente. Tuttavia, se ripeti ciò che hai appreso prima che la curva di oblio raggiunga il suo picco, la memorizzazione diventa molto più stabile. Con il passare del tempo, la ripetizione dilazionata non solo rende più solida l'informazione, ma ti permette anche di "consolidarla" nella memoria a lungo termine, dove rimarrà accessibile quando ne avrai bisogno.

Questo approccio si allontana dalle tecniche tradizionali di studio che si concentrano sulla ripetizione immediata e ravvicinata. Invece, la Ripetizione Dilazionata permette di risparmiare tempo e fatica, mantenendo comunque un elevato livello di memorizzazione. E non solo: migliora la comprensione e l'applicazione pratica delle informazioni.

Come applicare la Ripetizione Dilazionata

Applicare la Ripetizione Dilazionata richiede una pianificazione strategica, ma i risultati sono sorprendenti. Ecco come puoi integrarla nel tuo processo di apprendimento e memorizzazione:

1. Fase iniziale: apprendimento e prima ripetizione

Quando impari qualcosa di nuovo, la prima ripetizione dovrebbe avvenire a breve distanza. Ad esempio, subito dopo aver letto un capitolo, prova a ripetere ciò che hai appreso il più rapidamente possibile. La ripetizione immediata aiuta a fissare l'informazione nella memoria a breve termine, creando una base solida da cui partire. Può sembrare che tu stia sprecando del tempo, ma in realtà stai già dando al cervello una spinta per conservare meglio i dati.

2. Aggiungi uno spazio tra una ripetizione e l'altra

Il passo successivo è lo spazio. Dopo la tua prima ripetizione, lascia passare un po' di tempo prima di fare un'altra revisione. Può trattarsi di un'ora, di una giornata o anche di un paio di giorni. L'idea è che, quando ripeti l'informazione dopo un breve intervallo, rinforzi i legami neurali che aiutano a ricordarla a lungo termine.

3. Aumenta gradualmente gli intervalli di tempo

Una volta che hai consolidato l'informazione attraverso le prime ripetizioni, l'intervallo tra ogni revisione deve aumentare gradualmente. Potresti aspettare tre giorni dopo la prima revisione, una settimana dopo la seconda, un mese dopo la terza, e così via. L'aumento progressivo degli intervalli è ciò che dà davvero potenza alla Ripetizione Dilazionata, consentendo al cervello di spostare le informazioni dalla memoria a breve termine alla memoria a lungo termine.

4. Usa tecnologie e strumenti di supporto

La Ripetizione Dilazionata può sembrare difficile da seguire manualmente, soprattutto quando si tratta di grandi quantità di informazioni. Tuttavia, oggi esistono molte app e piattaforme che possono aiutarti a gestire questo processo. Strumenti come Anki o SuperMemo utilizzano algoritmi basati sulla Ripetizione Dilazionata per ottimizzare il tuo percorso di apprendimento. Queste app ti ricordano quando ripetere le informazioni, assicurandoti di non dimenticarle e migliorando il tuo apprendimento in modo automatico.

I benefici della Ripetizione Dilazionata

1. **Miglioramento della memoria a lungo termine:** La Ripetizione Dilazionata favorisce il trasferimento delle informazioni dalla memoria a breve termine a quella a lungo termine. Questo processo non solo ti consente di ricordare ciò che hai appreso, ma anche di richiamarlo facilmente quando ne hai bisogno.

2. **Maggiore efficienza nello studio:** Contrariamente alla credenza comune, la Ripetizione Dilazionata non richiede un impegno di tempo enorme. Una volta che impari a gestire gli intervalli di ripetizione, risparmierai tempo e fatica, e riuscirai a studiare in modo più mirato ed efficiente.

3. **Migliore comprensione e applicazione delle informazioni:** Quando ripeti a intervalli dilazionati, non solo rinforzi la memoria, ma inizi anche a comprendere

meglio le informazioni. Con ogni ripetizione, le connessioni mentali diventano più forti, e sarai in grado di applicare ciò che hai imparato in modo più profondo e creativo.

4. **Prevenzione della dimenticanza:** Il processo stesso è progettato per contrastare la curva dell'oblio. Più ripeti le informazioni a intervalli regolari, più difficile diventa dimenticarle.

Superare le difficoltà iniziali

Inizialmente, potresti sentirti sopraffatto dall'idea di dover ripetere così tanto e in modo dilazionato. Ma ricorda: ogni grande cambiamento richiede tempo e pazienza. Non è necessario che tu metta in pratica ogni aspetto della Ripetizione Dilazionata da subito. Inizia con piccoli passi, e fai pratica nel gestire gli intervalli di ripetizione in modo che diventino una parte naturale del tuo processo di apprendimento.

Inoltre, potresti non vedere risultati immediati. La Ripetizione Dilazionata funziona nel lungo periodo. Non aspettarti che, dopo una settimana, tu abbia memorizzato tutto per sempre. La chiave è la costanza: con il tempo, vedrai la tua memoria migliorare notevolmente, e le informazioni apprese diventeranno una parte solida della tua mente.

La Ripetizione Dilazionata è una delle tecniche più

potenti per chiunque desideri migliorare la propria memoria e l'efficacia nello studio. Non è solo una tecnica di memorizzazione, ma un approccio alla crescita personale. Ogni volta che ripeti a intervalli dilazionati, stai consolidando il tuo impegno verso l'apprendimento e la comprensione profonda delle informazioni.

Abbraccia questa tecnica come uno strumento che ti permette di espandere il tuo potenziale, che ti aiuta a ottenere una maggiore padronanza delle tue capacità cognitive. Con ogni ripetizione, stai facendo un passo avanti nel processo di diventare la migliore versione di te stesso.

CAPITOLO 17: PROTEGGI IL TUO CERVELLO

Il cervello è la risorsa più potente che possiedi. È il centro di comando di ogni tua decisione, emozione e azione. La qualità della tua memoria, la tua capacità di concentrazione e il tuo livello di produttività dipendono direttamente dalla salute del tuo cervello. Ma, proprio come qualsiasi altra parte del corpo, anche il cervello ha bisogno di protezione e cura per funzionare al meglio.

In questo capitolo, voglio accompagnarti in un viaggio alla scoperta di come proteggere il tuo cervello dalle sfide quotidiane, dallo stress, e dalle abitudini dannose. Non si tratta solo di evitare danni evidenti come malattie o lesioni, ma di creare uno stile di vita che favorisca la sua longevità, ottimizzando la sua capacità di apprendere, memorizzare e funzionare in modo efficiente.

Perché è così importante proteggere il cervello?

Immagina di avere un dispositivo potentissimo che può fare calcoli complessi, memorizzare informazioni a lungo termine, regolare le tue emozioni e prendere decisioni strategiche. Ora, immagina che quel dispositivo funzioni a capacità ridotta a causa di una cattiva alimentazione, stress cronico, o mancanza di sonno. Il cervello umano è incredibilmente adattabile e resiliente, ma ha bisogno di attenzione e cura per operare alla sua massima potenza.

Ogni volta che il cervello è sotto stress, sovraccaricato o malnutrito, la sua capacità di memorizzare e processare informazioni ne risente. Può sembrare che tu stia solo gestendo un "momento di stress", ma in realtà, ogni periodo di sovraccarico mentale può compromettere il funzionamento cerebrale a lungo termine, influenzando negativamente la memoria e la produttività. La salute mentale e cognitiva non riguarda solo evitare il deterioramento, ma piuttosto mantenere la mente affilata, reattiva e pronta ad affrontare nuove sfide.

Fattori che danneggiano il cervello

Per proteggere il cervello, è fondamentale riconoscere i fattori che lo danneggiano. Alcuni di questi sono facilmente evitabili, altri richiedono più attenzione.

1. Stress cronico

Lo stress è una risposta naturale del corpo, ma quando diventa cronico, i livelli elevati di cortisolo, l'ormone dello stress, possono danneggiare il cervello. L'eccesso di cortisolo altera la struttura e la funzione di aree cerebrali vitali, come l'ippocampo, che è responsabile della memoria e dell'apprendimento. Un cervello stressato è meno efficiente nel ricordare e nel concentrarsi.

2. Sonno insufficiente

Il sonno è essenziale per la salute del cervello. Durante il sonno, il cervello si rigenera, riorganizza le informazioni e rafforza la memoria. La privazione del sonno interferisce con questi processi, causando difficoltà di concentrazione e riducendo la capacità di memorizzare a lungo termine. Senza una qualità del sonno adeguata, non c'è modo che il tuo cervello possa rimanere agile e reattivo.

3. Alimentazione scorretta

Un'alimentazione povera di nutrienti può danneggiare il cervello nel tempo. Le carenze di vitamine e minerali essenziali, come gli acidi grassi omega-3, la vitamina D e le vitamine del gruppo B, possono compromettere la memoria e la funzionalità cerebrale. Al contrario, una dieta ricca di zuccheri raffinati, grassi saturi e cibi ultraprocessati può incrementare l'infiammazione nel cervello, compromettendo la sua capacità di operare al meglio.

4. Sedentarietà

Il corpo e la mente sono strettamente connessi. L'attività fisica regolare non solo mantiene il corpo sano, ma stimola anche la produzione di neurotrasmettitori vitali per la memoria e l'apprendimento. La sedentarietà, al contrario, contribuisce a un rallentamento delle funzioni cognitive e alla perdita di plasticità cerebrale, ovvero la capacità del cervello di adattarsi e cambiare.

Strategie per proteggere il cervello

Ora che abbiamo identificato i fattori che danneggiano il cervello, è fondamentale focalizzarci sulle strategie pratiche che puoi adottare per proteggere e potenziare il tuo cervello ogni giorno. Queste azioni quotidiane non solo miglioreranno la tua memoria e concentrazione, ma contribuiranno a rafforzare la tua resilienza mentale e il tuo benessere generale.

1. Gestisci lo stress con tecniche di rilassamento

Non è possibile eliminare del tutto lo stress, ma possiamo imparare a controllarlo in modo efficace. Pratiche come la meditazione, la respirazione profonda, lo yoga e la mindfulness sono utili per abbassare i livelli di cortisolo, favorendo la calma e la concentrazione del cervello. Dedica ogni giorno almeno 10-15 minuti alla meditazione o alla respirazione profonda per ridurre lo stress e rinvigorire la mente.

Un altro metodo efficace è la *visualizzazione*. Immagina di "disconnetterti" mentalmente dalla giornata, lasciando andare ogni preoccupazione e portando il tuo focus su immagini serene e rilassanti. Questi momenti di distacco dalla realtà possono fare miracoli nel migliorare la tua salute mentale e cognitiva.

2. Assicurati un sonno di qualità

La qualità del sonno è fondamentale per la salute del cervello. Cerca di creare una routine che ti consenta di dormire almeno 7-8 ore ogni notte. Riduci l'esposizione agli schermi elettronici prima di andare a letto e crea un ambiente tranquillo per il sonno, con luci soffuse e una temperatura ideale. La meditazione serale o una lettura rilassante possono prepararti a un sonno rigenerante.

Il sonno non è solo una pausa, è un'opportunità per il cervello di ricaricarsi, riorganizzare le informazioni e rinforzare la memoria. Ogni notte di sonno profondo è una sorta di "aggiornamento" per il cervello, quindi trattalo con rispetto.

3. Nutrizione per il cervello

Assicurati di consumare nella tua dieta alimenti ricchi di nutrienti fondamentali per il cervello. Fonti di acidi grassi omega-3, come pesci grassi (salmone, sgombro), semi di lino e noci, sono particolarmente efficaci per migliorare la memoria e la concentrazione. Le verdure a foglia verde, come spinaci e cavoli, contengono antiossidanti che proteggono il cervello dai danni causati dai radicali liberi.

Evita alimenti ad alto contenuto di zuccheri raffinati e grassi saturi, poiché possono contribuire all'infiammazione cerebrale e al declino cognitivo. Un'alimentazione equilibrata e ricca di nutrienti sarà la chiave per mantenere il tuo cervello giovane e reattivo.

4. Attività fisica regolare

L'esercizio fisico non è solo per il corpo, è anche un toccasana per il cervello. L'attività fisica aumenta la circolazione sanguigna, stimolando la crescita di nuove cellule cerebrali e migliorando la plasticità cerebrale. Non è necessario diventare un atleta, basta camminare, fare stretching o praticare attività aerobiche per 30 minuti al giorno per mantenere il cervello attivo e reattivo.

Oltre ai benefici fisici, l'esercizio fisico è anche un potente antidoto contro lo stress, poiché libera endorfine che migliorano l'umore e la chiarezza mentale. Dedicare del tempo all'esercizio fisico ogni giorno è un modo per investire nella tua salute mentale e nel tuo benessere complessivo.

Proteggere il tuo cervello non è solo una questione di prevenzione, è un atto di cura verso te stesso. Ogni scelta che fai riguardo allo stress, al sonno, alla nutrizione e all'attività fisica ha un impatto diretto sulla tua mente. Investire nella tua salute mentale e cerebrale significa costruire una base solida per il successo, per l'apprendimento continuo e per una vita piena di realizzazioni.
Ricorda, il cervello è il tuo alleato più potente, ma ha bisogno del tuo impegno quotidiano per rimanere al meglio delle sue capacità. Con la protezione adeguata, puoi raggiungere qualsiasi obiettivo, superare qualsiasi sfida e continuare a crescere come persona. Ogni giorno è un'opportunità per fare una scelta che avvantaggia il tuo cervello. Proteggilo, alimentalo, stimolalo e vedrai i risultati straordinari che potrai raggiungere.

CONCLUSIONE

La memoria è una delle capacità più intricate e affascinanti del nostro cervello. Non solo è il fondamento della nostra capacità di apprendere, ma svolge anche un ruolo cruciale nel darci senso di continuità e coerenza nella nostra vita quotidiana. Ogni ricordo, ogni esperienza immagazzinata, contribuisce a definire chi siamo e come interagiamo con il mondo intorno a noi. Una memoria forte e allenata è il segreto per una vita più produttiva, soddisfacente e serena.

Una memoria che non viene adeguatamente stimolata può iniziare a declinare, portando con sé difficoltà non solo nell'apprendimento ma anche nella gestione della vita quotidiana. La perdita di memoria a breve termine, le dimenticanze frequenti e l'incapacità di ricordare dettagli importanti possono generare frustrazione, stress e, nel lungo termine, compromettere il nostro benessere mentale e fisico. Eppure, la buona notizia è che la memoria non è un muscolo che si consuma con l'uso, ma una risorsa che può essere costantemente migliorata. Ogni persona ha la capacità di sviluppare e rafforzare le proprie capacità mnemoniche, indipendentemente dall'età o dalla situazione di partenza.

Adottare misure quotidiane per monitorare e migliorare la memoria non è solo una scelta intelligente, ma una vera e propria strategia di vita. Le tecniche di allenamento cerebrale, l'adozione di uno stile di vita sano e le pratiche di gestione dello stress sono fondamentali per stimolare la neuroplasticità, il processo con cui il cervello si adatta e si riorganizza. La memoria, infatti, non è un semplice archivio di informazioni, ma un sistema dinamico, capace di evolversi e crescere. Con il giusto approccio, è possibile aumentare la capacità di memorizzare, migliorare la velocità di recupero delle informazioni e affinare la concentrazione, creando una spirale positiva che alimenta il successo e la soddisfazione personale.

Oltre agli esercizi mentali, esistono anche strumenti esterni che ci aiutano a ricordare le cose più pratiche della vita quotidiana. Calendari, app di promemoria e tecniche come il journaling non solo ci supportano nella gestione delle informazioni, ma ci permettono di concentrarci sugli aspetti più creativi e importanti della nostra vita senza essere sopraffatti dalla paura di dimenticare qualcosa. Questi strumenti non sono da considerarsi come una "scappatoia", ma come alleati che potenziano la nostra memoria, offrendoci un supporto nelle situazioni più frenetiche e aiutandoci a preservare energia mentale per ciò che conta davvero.

L'applicazione delle strategie che esplorerai in questa guida è ciò che ti permetterà di vivere una vita più organizzata, serena e produttiva. Che si tratti di memorizzare informazioni per il lavoro, di ottimizzare le tue abitudini di studio o di migliorare la tua capacità di relazionarti con gli altri, ogni tecnica che impari diventa un investimento diretto nella tua qualità di vita. Allenare la memoria non è solo una questione di efficienza, ma una porta che si apre su un'esperienza quotidiana più ricca e consapevole.

Sviluppare la memoria è anche un atto di cura verso te stesso. Non si tratta solo di aumentare la tua capacità di ricordare lunghe liste di numeri o dettagli, ma di potenziare la tua mente in modo che tu possa godere di una vita più piena, soddisfacente e meno stressante. Se ti eserciti a ricordare con maggiore facilità, riuscirai ad affrontare le sfide quotidiane con maggiore tranquillità e fiducia. Immagina di non dover più lottare contro la frustrazione delle dimenticanze, ma di essere in grado di ricordare numeri di carte di credito, appuntamenti e dettagli cruciali senza il minimo sforzo.

Ma i benefici non si fermano qui. Allenare la memoria contribuisce a un miglioramento complessivo delle tue capacità cognitive, che si riflette in ogni aspetto della tua vita. Immagina di essere una persona più preparata, più reattiva, capace di imparare e adattarsi rapidamente. Diventare una persona con una memoria più potente ti permette di navigare nel mondo degli affari con maggiore efficacia, prendere decisioni più rapide e ponderate, e non temere mai il momento in cui dovrai affrontare nuove sfide.

Inoltre, sviluppare la memoria non riguarda solo l'aspetto pratico. Potenziare la tua memoria ti permette di essere anche più connesso con il tuo passato e le tue esperienze. Memorizzare i momenti significativi della tua vita, le emozioni e le lezioni che hai appreso ti offre una profondità maggiore, rendendoti una persona più consapevole di sé e degli altri.

In conclusione, ricordati che la memoria è una risorsa che va coltivata costantemente. Ogni giorno è un'opportunità per migliorare e per fare un passo avanti verso una vita più equilibrata, produttiva e soddisfacente. Non sottovalutare mai il potere di una mente ben allenata: migliorando la memoria, stai migliorando la qualità della tua vita. Con i giusti strumenti, l'impegno quotidiano e una mentalità orientata al miglioramento continuo, sei sulla strada giusta per un futuro ricco di successi, serenità e crescita personale.